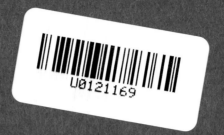

国家出版基金项目
NATIONAL PUBLICATION FOUNDATION

海上絲綢之路文獻集成

總主編　陳支平　陳春聲

歷代史籍編

3

主編　范金民

海峽出版發行集團
THE STRAITS PUBLISHING & DISTRIBUTING GROUP
福建人民出版社

本册目次

殊域周咨録二十四卷（卷七至卷一四）

〔明〕嚴從簡撰

卷七占城

卷八真臘

殊域周咨錄 五

勵耘書屋

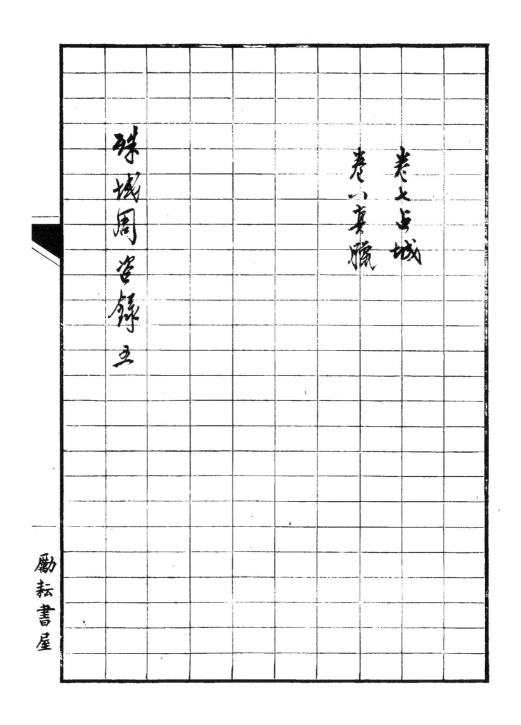

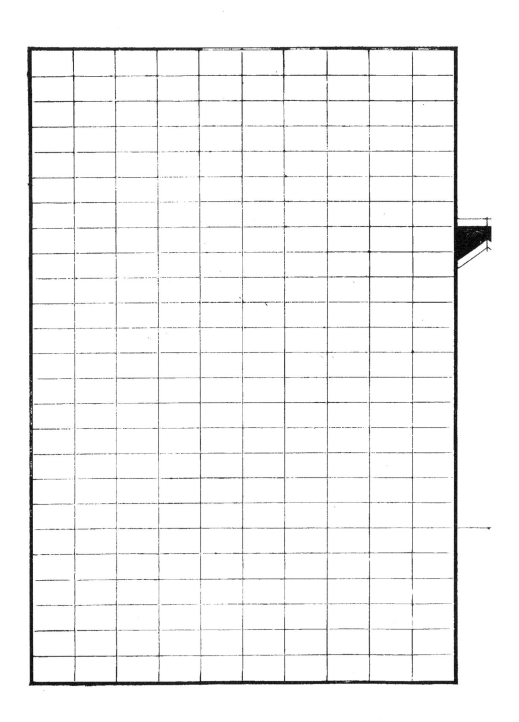

殊域周咨錄卷之七

皇明行人司行人刑科右給事中嘉禾嚴從簡輯

南蠻

占城

占城國古越裳氏界本秦郡象林縣地漢為象林林邑縣屬日南郡漢末有區連者殺縣令自立僭稱林邑國王遂不入版圖孫具時通使後其國傳外孫范熊熊傳子逸被其臣范推之奴用事讃逐諸子於逸逸死奴冒范氏族名文篡奪之攻併旁國晉永和中攻陷日南故北鄙地於交州刺史朱藩以横山為界既而交州刺史楊平同九真太守灌邃討之文子佛敗走官軍追至其國佛請

降其後復强侵暴日南九真諸郡無歲不至交州疆域遂日大延衰至三千里或曰千里文傳至玄孫為扶南王所殺國臣范諸農平其亂而自立傳子陽邁乍臣乍叛於中國晉元嘉中文帝使宗慤擅和之往伐陽邁懼願輸金一萬斤銀十萬斤銅三十萬斤還所掠日南户以納欵其大臣諫止之乃復遣大師范扶龍戍北界區粟城以拒晉晉前鋒蕭景憲奪據其城乘勝入象浦陽邁出師驅象來戰慤製獅子形禦之象奔師敗陽邁父子遂脫身走獲其國珍寶無算消金人歸黃金數十萬斤於朝自是歷宋齊梁陳隋皆來脩貢隋仁壽末復遣將劉方擊破之國主范志棄城走獲廟主十八枚並鑄金為之蓋其先有國以來十八世矣方班師范志

復國至唐貞觀中其孫鎮龍被弑外戚諸葛地取之更號環王元和初入寇安南驩愛等州都護張舟擊破之遂棄林邑徙國於占因號占城周顯德中亦來脩貢宋建隆二年其王釋利因陁盤遣使來朝貢表章書於貝多葉盛以香木函其後嗣王貢使不絶宋亦厚賚之政和中授其王楊卜麻疊金紫光禄大夫領廉白州刺史楊卜麻疊言身嚮化外不霑禄食願得薄授俸給壯觀小國許之宣和元年進檢校司空兼御史大夫懷遠軍節度琳州管内觀察處置使封占城國王自是每遇恩輙降制加封邑淳熙中遣兵襲真臘破之慶元中真臘大擧兵復仇讐遂滅其國俘殺臣民幾盡更立真臘人以主之因名占臘元至元中國主曰孛由補刺者

吾遣使歸附貢方物其子補的立復負固不服元數遣重兵臨之
又每遣使招諭雖外示降款中無順志本朝洪武元年其主阿答
阿者遣使虎都蠻來賀即位貢虎象方物命行人吳用顏宗魯楊
載送使者歸賜以璽書及大統曆金綺等幣書曰今年二月四日
虎都蠻奉虎象至王之誠章朕已具悉然都蠻未至朕之使已在
途矣朕之遣使正欲報王知之曩者我中國為胡人竊據百年遂
使夷狄布滿四方廢我中國之彝倫朕既已發兵討之遂二十年
芟夷既平朕主中國天下用安恐番夷未知故遣使以報諸國不
期王之使者先至誠意至篤朕甚嘉焉今以大統曆一本織金綺
紗羅絹五十疋專人送使者歸且諭王以道能奉若天命使占城

之人安于生業王亦永保祿位福及子孫上帝寔監之王其勉圖
勿怠三年安南舉兵侵占城阿答阿者遣平章蒲旦麻都奏聞上
遣翰林編脩羅復仁兵部主事張福賫詔諭南安併占城曰朕本
布衣因天下亂起兵以保鄉里不期豪傑雲從朕將數年闢土日
廣甲兵强盛遂為臣庶推戴君臨天下以承正統于今三年海外
諸國入貢者安南最先高麗次之占城又次之皆能奉表稱臣合
於古制朕甚嘉焉近占城遣平章蒲旦麻都來貢言安南以兵侵
擾朕觀之心有不安念爾兩國自古及今封疆有定分不可强而為
之一此天意也況爾等所居之地相去中國越山隔海所言侵擾
之事是非一時難知以朕詳之爾彼此傳世已久保土安民上奉

卷七 之

天道尊事中國爾前王必有遺訓不待諭而知者朕為天下主治亂特危理所當行今遣使往觀其事諭以畏天守分之道如果五執兵端連年不解荼毒生民上帝好生必非所悅恐天變于上人人怨于下其禍有不能逃者二國之君宜聽朕言各遵其道以安其分庶幾爾及子孫皆享福於永久豈不美歟詔至兩國皆聽命罷兵乃遣中書管勾甘桓會同館副使路景賢賫詔印封阿答阿者為占城國王上又以占城通中國文字遣遣使頒科舉詔于其國

按宋史紀占城制文吏五十餘員有郎中員外秀才之稱分掌資儲寶貨等事詳具五代史則其國雖無科舉之事而亦知文

教之崇久矣故國人多有能詞翰者如近峯聞畧所載占城使人入貢詩其初發云行盡河橋柳色邊片帆高掛遠朝天未行先識歸心早應是燕山有杜鵑其揚州對客云三月維揚富風景暫留佳客與同床黃昏二十四橋月白髮三千餘丈霜玉向詩聞賢太守紅蓮書寄好文章欲尋何遜舊東閣落盡梅花空斷腸其江樓留別云有嶂俯樓樓俯渡遠人送客此經過西風楊子江邊柳落葉不如離思多又常寓蘇之天王堂見葵花不識問其名人紿之謂一丈紅花即題云花於木槿渾相似葉比芙蓉只一枝五尺欄干遮不盡獨留一半與人看又濯纓亭筆記亦載宋亡後沈敬之逃占城乞兵興復占城以國小辭敬之

效秦庭之哭而不得。及乃留居其國。占城賓之而不臣。敬之憂憤發病卒。其王作詩挽之曰：慟哭江南老鉅鄉，春風拭淚為傷情。無端天下編年月，致使人間有死生。萬疊白雲遮故國，一杯黃土蓋香名。英魂好逐東流去，莫向邊隅怨不平。觀此則占城不惟粗通文墨，而且敦重節義。不惟其臣有詩才，而其主亦善篇章。彬彬乎聲明文物，匹于朝鮮，超于日本遠矣。我太祖科舉詔之頒，真不鄙陋其人而欲納之于合教同文之盛也。宜哉！

四年，王遣其臣答班瓜卜農來朝，表用金葉，長一尺餘，濶五寸，刻以本國書。俾譯者譯之，其意請給兵器、樂器、樂人，欲使安南知為聲教所被，輸貢之地，則不敢欺凌。上以兵器雖不足惜，但二國互爭而朝廷獨與占城則是助爾相攻甚非撫安之義又所請樂人在聲律雖無中外之殊而語音則有華夏之異難以發遣命中書移咨國王令其國有能習中土華言可教以音律者選擇數人至京習之并諭福建行省占城海泊貨物皆免其征以示懷柔之意

八年上以占城與爪哇等國貢使每至中國為商多行譎詐詔禁阻之　十三年遣子入貢賀萬壽聖節諭其勿與安南國交兵　十六年遣使賫勘合文册與之　二十四年入貢以其國弑立絶之　永樂元年遣使告諭即位其王占巴的賴遣使奉金葉表文來賀入貢方物且言被安南侵掠乞降勅往諭上遣行人蔣賓王樞使其國報之賜以絨錦織金文綺紗羅仍諭安南王胡奎使息

兵脩好　四年勅廣東都指揮司選精兵六百人以能幹千百户領之具器甲糗粮由海道往占城會兵伐安南又遣中使馬彬等賫勅賜以鍍金銀印及紗絹金帶黄金百兩白金百兩織金文綺衣二襲并諸色幣國王占巴的賴既出兵復遣中官王貴通賫賜往勞之賜白金三百兩綵幣二十表裏　五年古巴的賴已復安南所侵地又得黎氏父子及其黨悉獻俘貢方物謝恩詔嘉奬之

六年國王遣其孫舍楊該奉表貢象及他方物比還賜真金印及黄金百兩白金五百兩錦綺紗羅五十疋綵絹百疋自是屢表貢犀象及金銀器物

七年命中官鄭和等往賜其國和統官兵二萬七千餘人駕海舶四十八號是歲秋九月自太倉劉家港開

船十月至福建長樂太平港停泊十二月於五虎門洋張十二帆順風十晝夜至占城國其國臨海有港曰新州（西抵交趾北連中國地）海船到彼其酋長頭戴三山金花冠身披錦花手巾臂腿四腕俱以金鐲足穿玳瑁履腰束八寶方帶如粧塑金剛狀乘象前後擁番兵五百餘或執鋒刃短鎗或舞皮牌槌鼓吹椰殼筒其部領皆乘馬出郊迎詔下象膝行匍匐感恩

按七修稿載淮安清江浦廠中草園地上有鐵錨數枝大者高八九尺小亦三四尺者不知何年之物相傳永樂間三保太監下海所造雨淋日炙無點髮之鏥視之真如銀鑄光澤猶日用於世者愚意此必良鐵為之故其色精瑩如此舉一物之堅巨

而他物可推矣其功費之靡濫何算也又三保之稱不知係是
鄭和舊名抑豈西洋私尊鄭和及王景弘候顯等為三太保故
耶
八年王復遣使濟標等貢象及金銀器物詔馬彬等送濟標還國
仍賚勅以交幣[illegible]錫之　十一年國王又遣其孫舍阿那沙等入
貢兵部尚書陳洽言初討黎賊及陳季擴之時占城國王雖聽命
出兵然寔懷二心圖唇齒相依徘徊觀望衍期不進及進至化州
大肆擄掠以金帛戰象資陳季擴季擴遣以美女優約季擴舅陳
翁挺等三萬余為黨侵奪升華府所隸四州十二縣欲罪與交趾
等請發兵討之上以出師路由交趾交民方安業不忍用其遠勞

供給但遣使賷勅諭占巴的賴而已先是占城定三年一貢之期與安南國同是歲遣行人往勞之自後國王嗣位必請命於朝亦遣使行禮　十六年國王遣使貢瑞象翰林儒臣金幼孜作賦獻

上以表聖應賦有序

序曰恭惟皇上膺受天命統紹洪基仁布寰宇化周六合是以扶桑月窟之境雕題翦髮之境地莫不梯山航海奔走來貢蓋自三代以降未有盛於今者也迺永樂十六年秋九月庚戌占城國以象來進其狀瑰詭雄壯玄膚玉鼻文有白章粲若華星郁如雲霞拜跪起伏馴狎不驚斯實希世之上瑞天下太平隆盛之徵夫百獸之中其強悍勇猛者莫踰於象非若虎豹熊羆

之屬可以力制今占城以是象來貢既有以見其形質之美而其馴擾狎習似與仁獸無異於以見聖德之廣大被於幽遠草木鳥獸咸沐恩光而其感化之妙固與鳳凰來儀百獸率舞者同一效驗之大矣臣忝職詞垣幸際聖明屢覩嘉祥之盛不可無紀述以詠歌太平謹拜手稽首而獻賦曰

惟我皇明受天命臨寶位洽文德隆至治際天蟠地覆冒無外明無幽而不燭化無遠而弗被惟諸福之畢來致嘉禎之駢萃羌萬國以來庭咸輿琛而奉贄或貢以威鳳祥麟或獻以錦豹靈犀或進以渥洼龍文之天馬或奉以西域卷鬣之神獅其他若瑤琨球琳大貝明珠珊瑚瑪瑙琥珀琿璖珍奇異產海委河

輸紛香娓燿雜然前陳則又不可以備書也粤有巨獸魁然其狀潛海濱以迴翔匿長林而自放勢侔山嶽之穹窿力抵萬鈞之雄壯其生也大塊孳孕其真至和毓其精瑶光助其神斗宿濯其英然後走百神集衆靈播休氣協嘉禎忽乘雲而下降倏又開而日晶采敗敗而煒煜文璨璨而璘璘耿繁星之布護濩瑩雪花而繽紛如肪之潔如玉之温經以白理緯以玄黄脩衆着采以交互紛五色而成章炳炳蔚蔚熠熠煌煌六甲為之呵衛五丁為之贊襄嶽祇因之而獻瑞坤珍以之而效祥於是番酋夷長跪之而惕驚象胥虞人望之而辟易不假韈檻而自致匪藉尉羅而自格乃告神明涓吉日載之以蔽空之長舟藉之以幕

雲之文席左吒陽侯右麾海伯風師前驅而縮恩天吳後從而甪匒匌迅颿為之帖息魍魎竄伏以蔵形猰貐遠引而遁迹欻星馳而雲駃逾萬里於倏忽沐恩光於九重近龍顏於咫尺觀其拜跽有常動止有節既容與而弗驚亦安舒而自帖萬姓為之駿奔百僚為之欣悅麒麟系之以翱翔騶虞隨之而蹩躃于以導乘輿服鸞輅備萬舞協韶濩宣人文昭皇度邁至德之楨符綿萬年之寶祚固斯世於泰和措羣生於豐遂熙鴻化以彌流重聖心而祇畏將以明刑弼教保民圖治答景貺於上天貽嘉猷於後世又豈徒詡盛美侈多瑞為目前之奇玩而已哉臣忝廁列於禁垣幸瞻依於日月愧學術之粗疎莫形容於萬一

爰纘述於見聞冀俱存於事實揚盛世之休嘉著無前之偉績祝聖壽以悠長頌皇圖於無極為之頌曰惟皇神聖上帝之命統臨萬方靡不從令維帝監觀禎祥之格丕昭神化洽此文德皇不自聖益敬于天匪象之瑞惟賢大哉皇仁覃被八紘如天之行如日之升上帝之歆協皇德億萬斯年其永無斁

宣德元年行人黄原昌頒正朔至其國王儀度稍弗恪原昌入端坐責之詞明氣壯王叩首謝罪贈以金帛奇物悉却之及還復命承顧問悉以正對上大悦陞户部員外郎

按原昌福建楚溪人永樂乙未進士為人持重有氣節既奉使還時奔競之風甚熾原昌恥隨流俗浮沉遂請老以歸

6

正統六年國王卒嗣子摩訶貴由請襲爵上賜勅詔遣給事中舒棠其名失為正使及副使行人吳惠往封之是冬十二月廿三日發東莞次日過烏猪洋又次日過七州洋瞭見銅鼓山次日至獨猪山瞭見大周山次日至交趾界有巨州橫絕海中怪石廉利風橫舟觸之即靡碎舟人甚恐須臾風急過之次日至占城外羅洋校椗墅中廿九日王遣頭目迎詔寶船象駕鼓吹塤咽旌旆騰靄氈衣椎髻前後奔馳至行宮設宴王乘象迓于國門戴金花冠纓瓔珞環帳列戈戟以群象為衛既宣詔王稽首受命是時臘月其國猶暑民多祼袒士著亭衣南阡稻熟北秧猶青　七年正月上元夜王請賞烟火爇沉檀燃火樹盛陳樂舞每夜鼓以八更為節五

月六日還至七州洋大風舟幾覆正使予舒某憂泣不知所為惠為文以祭祝融與天妃之神俄而開霽㬋見廣海諸山十五日遂收廣海復抵東莞

按吳惠字孟仁東吳人年二十以粮役管運至京途中日歌古詩或言於縣令令奇之名為弟子員舉永樂甲辰進士洞庭有進士自惠始授行人喜言事使占城還陞桂林守義寧峒蠻楊氏結苗人為亂藩臬議進兵征之惠止之曰義寧吾屬吾往撫之不從用兵未晚乃肩輿從十餘人入其峒山石攢峭如劍戟從人騰躍如飛聞太守至奔告於其酋出迓惠諭之曰吾若屬父母也宜聽吾語衆唯唯惠因為陳逆順禍福楊氏諸蠻感泣

留數日歷觀諸屯形勢以數千人衛出境歸報罷兵明年武岡
州盜起宣言推義寧峒主為帥藩臬咸尤惠惠曰吾當任其咎
乃遣人至義寧群從從山巔望見惠使即逹拜言不敢反狀且
求雪武岡之誣盜計遂阻迄惠在郡無敢騷竊者後陞廣東右
叅政支正三品俸卒惠謂航海颶濤非人力所及而惠蹈險加
常不為舒某之駭亂隱雷雨弗迷大舜所以為聖遭風存敬程
子所以賢惠之度量於此可見其後峒夷之反覆難信猶之海
波不測也惠處之坦然皆自此度量推之耳惠豈無所本哉觀
其日歌古詩悠優諷咏涵養性靈中有素定者故夷險一致克
定大事若是語曰誦詩三百不能專對授之以政不達雖多亦

奚為今惠不惟專對於遠又能達政於蠻則其所歌固可謂有用之文章而縣令乃能識之於吟誦之間亦異鑒哉抑因是知古人奉使列國宴享之際賦詩見志占其所就後竟不爽諒有以夫

又按詔使之往占城者其人不一而獨鄭和之舟跡載于星槎勝覽異惠之舟迹載于惠之日記故特著之以見其道里所經日月所歷俾後使可據而行耳且和由新州而入惠由校杯而入豈二路皆可通而隨風所泊故異耶

景泰末摩訶貴由卒其子槃羅茶全遣使入貢請封　天順中命給事中江彬行人劉寅之賫勅往封諭其詆礪臣節賜以綵幣國王槃羅茶全遣使沙姿利奉表入貢即賜勅并綵幣

劉寅之，江西永新人。其父名髦，行誼端茂。永樂戊子領鄉薦，會試下第，道遇澤水，一女子溺將没，號救命。髦援之登舟，附載而歸。道中皎然不敢犯。逮家，婦迎問曰：「買妾乎？」髦告之故。婦扣女，言本宦族，今舉家葬魚腹矣，感君子再生恩，請服婢役以報。髦曰：「惡有是！吾力猶能返汝。」立命人送之還。至則茫茫大川耳，親識皆絶形迹，復載之來。髦命婦善視，伺為擇婿歸之。婦曰：「渠已無家，吾亦無後，君非搆意室之蹤，使從人未必勝，君殆亦天作之合，使其侍君櫛耳。」髦固不可。有知者勸諭數四，久之，乃處副室，而生二子，長定之，次即寅之。兄弟文學相師友。寅之登景泰甲戌進士，使占城，還，進員外郎，累陞叅政。定之為大宗伯，謚文定。

為時名臣而寅之聲望相頡頏人稱二難云夫觀髦一事而有三善拯溺全生仁也同舟不亂義也必其無所歸而後納之禮也厚德所感宜食其佳胤之報哉

成化六年安南國王黎灝與占城交兵時占城槃羅茶全卒其弟槃羅茶悅嗣位奏稱安南國差人索取犀象寶物不從起兵攻圍本國提挈臣兄連妻小五十餘口擄劫寶印燒毀房屋殺死軍民三百餘口擄去男婦不計其數差人占守本國地方臣暫管國事乞為賜印封王及勅安南放出擄國男婦人口廣東市舶提舉司右監丞韋眷亦奏前事請行禮部差官奉勅齎去安南戒諭國王黎灝息兵睦鄰上詔且不差人待安南使人來寫勅與他齎去　九

年上命工科右給事中陳峻等賫勅往占城國封槃羅茶悅為王
為安南阻絕峻等上疏曰臣等奉命于十年正月二十九日到占
城新州港口把守俱是安南番人不容進入臣等見得蠻人不遜
令通事滿源等諭以出使占城國緣由源等回報番人言說此港
占城王退還我的安南國王各立界牌把守他自見在靈山為王開
船到靈山海面下碇隨令滿源等上山訪問要見槃羅茶悅有無
實跡回還報說山中遇見避兵人說槃羅茶悅一家俱被安南虜
去地方盡數占奪改為交南州名色又令小旗姚官康四散緝訪
是實開船回還將賫賜令印信并原捧詔勅進繳詔下兵部會同
五府六部都察院通政司大理寺等衙門議得安南國來歲當朝

合僕陪臣至日行令通事詹昇等將前項事情譯審明白另行具
奏定奪先是安南國王黎灝亦奏占城國人乘船航海劫臣化州
房屋囷儲入于烈火除臣已差陪臣陳廷美齎本赴京陳奏外成
化六年八月占城國王槃羅茶全又親率水步掩襲化州七年正
月茶全大興忿兵欺臣戍卒臣潰圍力戰茶全率衆而南本年十
一月十二日臣差陪臣阮德真齎本赴京具由陳奏先於本年三
月茶全掃境內兵復圖再舉詭言從朝廷差使勘臣四川地方碣
石為標永息紛糾親率象馬圖欲破臣義州使其弟槃羅茶遂領
遊兵先行茶全繼追茶遂心赧氣挫懼致喪敗夜伏健兒殺之行
帳自立為王自是國內紛紛人心好亂頭目劇據方面鞠旅募兵

倒戈相攻殆無虛日本年十二月初三日臣欽蒙勅諭朕詳覽奏章深察事理互相讐殺皆非保境安民之道且爾安南與占城曾受朝廷爵土世修職貢為中國藩屏豈可搆怨興兵自相攻擊春秋責備賢者是宜安分守理保守境土解怨息爭先盡睦鄰之道仍禁守邊頭目毋啓釁端主事邀功加欲假此為吞併計恐非爾國之福大哉日月無私之照至哉父母均愛之仁俾臣與占城俯仰照臨之天偃息暄和之地此遠臣之真情國人之畢願也臣深感聖恩恪遵天戒禁戢邊吏勿啟釁端固守封疆敢行報復然茶遂自弒逆之後群情瓦解有衆心離成化八年正月茶遂親至境上差頭目翁爭虛計賫書於臣謂其兄茶全害民違天家覆國破

自取之咎蕩折固宜國人弗恊茶全憂懼成疾國人立弟茶遂掌攝國事已遣使赴京賫金葉表文永襲王爵乞臣同往城下一盟以提夷海門為界北則為義州南則為占城北境並乞臣援兵數千擁立茶遂都於番地臣謂解怨息爭欽承聖訓隣國廢置義不相干乃差大頭目范懿與茶遂盟茶遂歸至尸耐海口槃羅茶悅子茶質苔來與其頭目瀕率傜峒之人夜伏竹弩攻茶遂軍占人自驚茶遂為亂所殺茶質苔來自立為主移都品持法令雖嚴人愈作救亂臣強盜自稱為酋長者幾十人有稱摩訶支麻㑞氷者有稱麻訶左皮羅撥者二黨驅衆弄兵迫臣邊地其餘亦各據地方臣差頭目陳極賫書於左皮羅撥議和求紓邊患即為支麻

徬氷邀殺臣恐兵連禍結罪于天朝戒戰守邊頭目益圖守禦不許進兵且占城為國東抵於海西邊猺蠻北界臣義州南與亀寶二鄙接壤占城寶部仇隙有年自是寶部猺蠻樂占城亂率衆搶掠千百為群道路不通村墟岑寂臣日夜思惟自以欽承聖訓息兵睦隣而連彼國中微潰亂無主更相吞噬意潰臣邊乃遣頭目劉寶賫書往與茶質苔來約堅隣好兵事太平安分畏天為聖朝藩屏境土既定豈可爭奪成化九年二月茶質苔來率兵攻叛臣奢里阿麻乃為奢里阿麻所敗臣差劉寶亦被害奢里阿麻自為君長爭據一隅奢里阿麻尋死族弟波籠阿麻繼統其徒才弱力微衆心不附連年水旱禾稼寡收居民皆以澗毛山獸為命適有

粒食即致死傷其民既為寶部所擒又為百種從蠻所擄群盜驅馳所陌往來山楸伏藥矢以射居人毒上流以絕行路彼登山遐望緣木竊窺或見海中行船或聞林中人跡即起烟吹角嘯侶命儔或率輕艇而掠海外之船或馳健馬以奪林中之貨加以虎狼羣象載路盈岐惟有海道稍通波濤甚惡臣與占城若長久絕音書寃盜憑陵為平民患臣守邊頭目黎文見賊虐日滋出不得已放兵追逐彼便緣澗登山竄林叢更出迭入使一方之人困於鋒鏑成化九年三月初四日奉覩勅諭有云王國與占城勢力大小不待辨說若彼先啟釁端不度德量力固為不義若王無故乘彼小釁輒興忿兵凌弱暴寡亦豈得為義乎勅至王宜畧其小失

蓋悖大義將所擄人口盡數發還戒飭邊吏毋生事邀功興兵擄怨旋致報復自貽伊戚臣拜讀反思不勝喜懼震雷解雨造化一心臣即欽遵聖諭凡擄獲男婦該七百四十一人並已發還本國思修大義庶蓋前愆其人皆被支麻衙氷及羅擾所抄臣重念聖諭不覺驚惶切惟天地大德諒不偏於生成臣子小心詎可忘於敬畏天地既嫗照以同仁臣子敢悖違而召禍故臣受封至今夙宵驚懼常以不能保守朝廷土地人民為慮豈敢取非所有違訓背義自速罪尤臣雖至愚能辨禍福臣又切思當占城國強盛之時奪臣國四川之地臣於占城啣怨圖報復其舊疆今彼凋瘵紛挐靡有統屬勞民戍卒不遑啟居臣追思昔日之安期篤睦鄰之

義雖奈全敢違聖諭構怨稱天鑒孔昭自貽伊戚而臣不與之校
數年已來占城人民隨而擾亂上得罪於皇天子至聖下叢怨於
小民臣顧慮之間曷勝憂懼伏望皇帝陛下剛中建國光大包荒
亮臣惕厲省躬敢啓併吞之念憐彼流離失所旋絕緞定之恩
使彼眾下輯寧同囿和熙之治而臣兵民休息永無烽火之虞在
聖智轉移之妙機非臣愚之能得窺測也顧占城興廢於臣國誠不
相干然占城亂亡致臣邊反受其害叩閽有請自知踰越之難逃
忍毒無言臣耐擾攘之滋甚臣南境之事舉措皆難定尾跋胡碍
於進退倘皇上海涵春育覺遠臣冒昧之誅雨施雲行體上天哀
憐之念豈獨臣國之幸抑一方生聚之大幸而南服俛髦望闕焚

香祝聖壽於萬萬年矣上命兵部議　十一年兵部尚書項忠等疏曰切緣海外諸番在荒服之外正朔之所不加教化之所不及干戈相尋互相吞噬與中國利害不相干涉自古帝王畧外治内不勤兵於外先惟修政於中國今安南占城二國僻居海外各守一隅雖是世受王封遠修職貢不足為中國輕重頃者黎灝大興兵甲蹂躪占城地方虜其國王妻小殺其人民刮其金印燒毀房屋而占城國王槃羅茶悅累嘗差人赴京控訴荷蒙皇上覆載無私憑其奏詞特降聖諭俾黎灝改圖易轍去惡從善欲全二國生靈各圖長守近計續該差去右給事中陳峻等奏占城國王槃羅茶悅一家俱被安南虜去地方盡行占奪又蒙皇上優容待候陪

臣來朝譯審處分今黎灝特遣陪臣進貢方物歷叙占城國王兄弟謀逆不道強臣北叛人民被害等情並不曾開奏奪占國土改為交南州名色比與陳峻等往年所奏不同但恐陳峻等回京之後彼已復還國土尚未可知欲行譯問差來陪臣彼必隱諱不敢顯揚國惡合無待候進貢陪臣回還特請勅諭一道賫赴安南國王黎灝大意謂畏天保國善後之計違天虐民取禍之原睠念安南占城鄰封接壤氣類相同風俗不異若論勢力固有大小強弱不同而輔車相依唇亡齒寒義當憂恤患見恤不宜秦越視今爾國雖奏占城國王槃羅茶全節犯化州等界及第槃羅茶遂弒主被亂兵殺死茶質苔來自立為王國人愈叛率兵攻叛臣奢里阿麻

又被所敗後奢里阿麻自為君長尋死族弟波籠阿麻繼才弱力
微衆心不附國土大亂繼奉天朝勑諭將擄獲男婦七百四十一
人發回本國等因若憑所奏有以見王始則出師有名終則勉修
大義似可嘉尚但先次占城國王槃羅茶悅奏訴被爾國差人索
取犀象寶物不從起兵攻圍捉拏臣兄連妻小五十餘口搶掠實
印燒毀房屋殺其人民占其地方乞要龍封等情及朝廷依憑所
奏差給事中等官陳峻等到占城冊封回奏占城國王一家俱被
安南國虜去地方書被占奪改為交南州名色似與王今奏情詞
抵捂第恐粉飾遮掩緣道路隔絕俱難辨別真偽且占城國主正
受王封如使不恤國事果犯疆界殘害人民謀逆不道罪固難逃

若迺覆其宗祀遷其重器殺其人民占其土地縱使快其心志於大義有乖況小國雖爾歷代相傳載諸信史未聞殄絶今若一旦殄滅不與興繼恐海外諸番睥睨覘覦或有伏義執言一呼而起悔將何追若能復其宗祀還其重器返其人民天朝亦汝嘉矣顧諟欽承免貽後悔仍具實奏聞如此則在我辭嚴義正不失懷柔之體在彼情虛理屈自萌改悟之心矣上從之　二十年國王復遣使諸封上命使臣馮乂等往冊立之至則國王先爲安南迫逐徙居赤坎邦都郎安南尋又遣兵攻殺之矣其臣提婆苔者擴據故國馮乂因誤封提婆苔爲王其國人上章陳訴時馮乂回至占城卒於海上副使某論罪戍邊

按行人劉寅之本傳及各書所載前次請封者止是槃羅茶悅未有茶全茶遂及苫来之名也及據安南之奏則稱茶遂栽茶全自立苫来又栽茶遂自立則茶悅未嘗主占城也豈苫来懼有𢽾逆之名而以其父名誑我耶苫來既茶悅之子越父繼統則置其父於何地我使陳峻往封茶悅不得入疆事在成化十年距茲又十年則所云被安南攻殺者又不知為茶悅為苫來也茶悅奏稱安南提挈臣兄則當是茶全也豈苫來既栽茶遂而篤其禍於安南耶今馮人誤封者又稱提婆苫其與苫来不知還是二人或即一人訛為二名也然安南侵逼之罪固所必有而占城內亂之事亦不為虛今俱不可考矣但黎灝奉章乃

六科日抄中全疏録出字字皆其原文而野史多係傳聞則提

婆苔必是苔来之誤耳

二十一年上別遣使封故王之弟齊亞麻勿庵為王未至而齊亞麻勿庵先卒上復遣給事中李孟陽封王之次弟古来為王時安南納提婆苔而取其國為中言古來不當嗣古來航海至廣州辯訴其詐寃孟陽至廣州上言占城險僻安南搆兵未靖而提婆苔又嘗竊據今封古來萬一安南弗順損中國威宜傳命古來歸國聽勘仍勅安南悔過上悉從之命兩廣督府主其事都御史屠㴞屬廣東叅議姜英往勘國人僉謂古来實王弟有名者宜繼國統奏聞㴞遂移檄諭安南數其不能恤鄰之罪折其奸萌而導之順逆

安南聽命不敢肆孟陽乃致古来於崖州受封而去濡後選官軍二千令東筦商人張宣領之護送古来至新州港得反國

按孟陽字時雍號南岡世為睢之長岡里人登成化壬辰進士為户科給事中癸卯查盤大同錢粮值虜入寇危甚歸陳邊務十事使占城留廣中遷權兵科都給事中數年克定古来之封弘治戊申始歸朝陳地方五事曰懲舊敝以修軍政設兵備以鎮邊方閑衙門以散嘯聚修城垣以禦寇患通朝報以廣德意多見採納尋擢湖廣參政歷南京工部尚書正德丙寅上疏致事有清慎老成之褒賜誥給驛月廩歲隸亭年七十有八

弘治三年古来上疏言往者安南不道納臣叛將奪臣國以投之

冒受天朝之封額先皇帝大恩命都憲屠公委官踰嶺海察事機
文告安南使臣獲有今日聖天子之聖德與屠公之功也臣表謝
外有白金若干錠黄金器飾若干事異香番物若干奩附使者謝
屠公敢昧死以請上命濬受之濬固辭曰綏遠之仁繼絶之義在
聖天子臣何功之有上嘉其誠命禮部籍而貯於官
按洪武中日本遣使請文於宋濂勅濂撰文日本獻百金為謝
濂郤不受上知問濂對曰天朝侍從受小夷金非所以崇國體
今屠濬定占城之功既非撰文之比古來表奉謝濬亦非自獻
之私濬不敢當其視宋濂益有光矣但濬既不受則朝廷當郤
而還之且明賜勅諭言其亂亡之後匱乏之秋方將憫恤於爾

助扶植今爾又有黃金之謝原爾感恩思報之情若可令濡强受據我以大字小之仁豈圖爾國謝儀爾果沐德難忘則恪守王章効忠勿替其所報於濡斯為至矣奚以金為如此則於國體尤為正大不亦愈於貯官之處乎

十八年古来卒其子沙古卜洛請嗣爵　正德五年遣給事中李貫行人劉文瑞賫勅往封之

文瑞字廷麟廣東新會人登正德辛未進士授行人占城請封當遣使推擇文瑞以往事竣擢刑科給事中後武宗時屢出巡遊文瑞抗疏請回鑾數千言不報陞湖廣僉事抵家卒文瑞為人慷慨不計贏乏卒之日斂葬不給鄉人賢之

嘉靖元年占城及暹邏等國商舶至廣東時太監牛榮提督市舶司乘其貨未報稅命家人蔣義私與交易收買各物事發蔣義抵罪貨沒於官（詳見暹邏國中）自後貢使依期至亦不能如朝鮮之絡繹有常云其國凡王在位三十年即入山茹素受戒令子姪攝國事一歲籲天矢曰我不道當充虎狼食或病死暮年得無恙復入為王於是國人呼為芳嚓馬哈剌扎焉

按入山復辟舊誌所載如此然觀王卒方請封爵則今亦無此事矣必上世未通中國之時迺或有是耳

國中天無霜雪氣候常熱如夏木長青隨花隨結煑海水為鹽禾稻甚薄國人粒食者鮮

按雜誌載占城有一稻其種耐旱而早熟宋真宗聞其名求種分給江淮兩浙擇田之高者種之即今南方旱稻尖米謂之黃秈又云占城稻者是已則彼國豈少粒食皆傳聞之未的耳

人惟食檳榔裹蔞葉包蠡殼灰行住坐臥不絕於口土無絲蠶以白氎布纏其胸垂至足衣衫窄袖撮髮為結散垂為髻於後其王腦後髻結散被吉貝衣或云白衣戴三山金花玲瓏冠七寶裝瓔珞為飾躧革履無襪或云跣足股脛皆露乘象或黃犢車臣芰葉冠男蓬頭衣紫衣若衣玄黃罪死出入亦乘象馬婦人亦腦後撮結無笄梳其服及拜揖與男子同王鑄金為廟主其畜多黃牛水牛無驢有山牛不任耕耨但殺以祭鬼將殺令巫祝之曰阿羅和及拔譯語

曰早教他托生其互市無緡錢用金銀較量錙銖或吉貝錦定博易之値有疾旋採生藥服食地不產茶酋長所居屋宇門牆俱甎灰甃及以堅木雕鏤獸畜之形為革外周磚垣亦有城郭兵甲之防藥鏃刀標之屬其部領所居亦分等第門高有限民下編茅覆屋不得踰三尺魚不腐爛不食釀不生蛆不為美酒釀時以米拌麴丸乾和入甕中封固如法收藏日久其糟生蛆為佳醞他日開封用長節竹幹三四尺者揷入糟甕中或團坐五人量人入水多寡輸次吸竹引酒入口吸盡再入水若無味則止有味留封再用或曰不會醿醞惟飲椰子酒酋長歲時採生人膽入酒中與家人同飲正當賀日沐人膽汁將領獻人膽為賀謂之通身是膽其俗擴悍勇於戰鬪或曰

尚釋教每正月一日牽象周行所居之地驅逐出郭謂之遂邪四月有遊船之戲定十一月十五為至冬日人皆相賀每十二月十五日城外縛木塔王及人民施衣服香藥置塔上焚之以祭天刑禁亦設枷鎖小過以籐杖鞭之或五六十至百當死者以繩繫于樹用梭槍舂其喉而殊其首若故殺劫殺令象踏之或以鼻捲撲於地象皆素習犯姦者男女共入牛贖罪有尸頭蠻者本是婦人但無瞳神為異其婦與家人同寢夜深飛頭而去食人穢物飛回復合其體即活如舊若知而封固其項或移體別處則死矣人有病者臨糞時遭之妖氣入腹必死此婦人亦罕有民間有而不報官者罪及一家番人戲之觸弄其頭必有生死之恨國無紙

筆以羊皮捶薄薰黑削細竹為筆蘸白灰書字若蚯蚓委曲之狀
言燕鴂全憑通事傳譯
按占城既通文字且有秀才則紙筆乃其所有雖言語不通于
中國而其詩文與華夏頗亦近似若灰書之說恐亦上世之事
而非今時之陋也
其山曰金山在林邑故國山石皆赤色其中產金金夜則出飛狀
如螢火曰不勞山在林邑浦外國人犯罪送此山令自死　其產
金銀錫鐵獅象犀牛民獲犀象皆輸於王周顯德中嘗貢雲龍形
通犀帶犀角象牙最多犀如水牛大者八百斤體黑無毛蹄有三路
獨角在鼻端長者可尺五寸焉小於騾瑇瑁伽南木香朝霞大火

珠（大如雞卵狀類水晶當午置日中以艾藉之輒火出）菩薩石 薔薇水（灑衣經歲香不歇）猛火油（得水愈熾國人用以水戰）乳香 沉香 丁香（檀香）檳榔 茴香 烏樠木（土人樵之爲薪）檴木 胡椒 蓽澄茄 白藤 吉貝（吉貝樹其花盛時如鵞毳抽其緒紡之以作布亦染成五色織爲班布）絲紋布 白氎布 貝多葉 龍腦香 甘蔗 紅蕉子 椰子 波羅蜜（形如東瓜）孔雀 山雞 其貢象牙 犀角 孔雀 孔雀尾 橘皮 抹身香 龍腦 薰衣香 金銀香 奇南香

按奇南出在一山酋長差人禁民不得採取犯者斷其手則在彼處亦自貴重宜中國以爲珍也其香甚清遠中國製以爲帶有直至百金者但星槎勝覽作琪楠番賜使外國田其王餽之載在誌則作奇藍此當是的

土降香、檀香、柏木、燒碎香、花黎木、烏木、蘇木、花藤香、蓽蔓香、沙紅印花布、油紅綿布、白綿布、烏綿布、圓壁花布、花紅邊縵、雜色縵、番花手巾、番花手帕、兜羅綿被、洗白布泥。　其朝三年一期。　其里東至東海，西雲南，南真臘，北安南，東北廣東（順風半月程，匡州七日程），達於京師。我使往者自閩長樂五虎門西南行，順風可十日至。東北百里海口立石塔為標，舟至是繫焉。

按誌載邊永，河間任丘人，正統乙丑進士，拜行人。景泰壬申使占城，其國人素狙詐，永誠以待之，禮以節之，以禍福利害曉之，國人信服。又葉應，廣東歸善人，登成化戊戌進士，初授行人，給賞廣西，須封占城，以廉謹稱。此皆曾將占城之命者，但邊永失

其所役何事葉應失其所作何歲難編次于本國傳中今姑附此以俟補

又元詩人陳孚出使安南有紀事之詩曰鼻飲如瓴甑頭飛似髑髏蓋言土人能以鼻飲酒者有頭能夜飛於海食魚曉復歸身者然飆虫集中亦載老撾國人鼻飲水漿頭飛食魚今占城有頭飛者乃特婦人也占城安南老撾其地相接宜有是種若七修類稿載近時中國有一人名汪海雲者亦能鼻飲頭飛此則怪事矣因附於此以誌異焉

又星槎勝覽載占城不解正朔但看月生為初月晦為盡如此十次盈虧為一歲晝夜善擡鼓十更為法酋長及民下非至午

不起非至子不睡見月則飲酒歌舞為樂然觀吳惠日記有上元烟火之宴則已知有節候非但視月生晦者惠云夜鼓以八更為節又與十更異矣大抵外國雖陋久與中華往來漸霑王化時異制殊前後難以概視耳又占城物產有所謂觀音竹者如籐長丈八尺許色黑如鐵每節長二三寸此亦勝覽所不載者

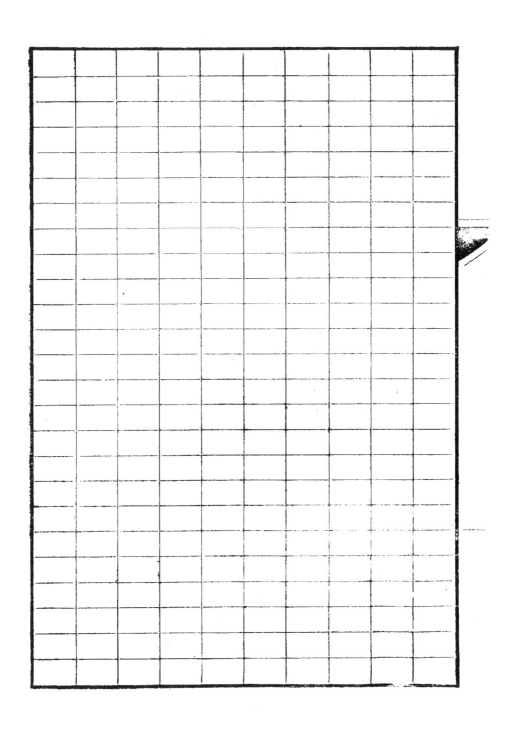

殊域周咨録卷之八

皇明行人司行人刑科右給事中嘉禾嚴從簡輯

真臘 正南

真臘國在占城西南，本扶南屬國。其先女子為王，號曰葉柳。南有激國人名混潰者，代葉柳降之，因以為妻。其後天竺僧憍陳如自西域來主其國，至其酋姓刹利名質多思那者，日漸强盛。

按杭州靜慈寺裝羅漢像五百，以憍陳如為首。今觀陳如特夷之主耳，但教人事佛，實非所謂白日昇天、降龍伏虎、有諸佛靈聖者也。今乃崇奉香火以為尊神，則其誕漫可知矣。即一陳如而其餘五百之妄可知矣。佛法之不足信，不彰彰哉！

隋大業中始通中國傳至伊令那當唐貞觀初併扶南有之扶南即象浦也永徽初益併吞諸小國神龍以後國分為二其南近海多陂澤為水真臘其北多山阜號陸真臘後復合而為一宋政和六年遣使來貢宣和一年封為真臘國王與占城等隆元中其酋長大舉伐占城以復讐殺戮殆盡俘其王以歸更立國人為王役為屬國號占臘領部郡九十餘處曰真蒲曰查南曰巴澗曰莫良曰八節曰蒲買曰雉棍曰木津波曰賴敢抗曰八廝里其餘不能悉記各置官屬皆以木排柵為城地方七千餘里有戰象幾二十萬建炎中以郊恩授其王金裒賓深為校檢司徒加食邑遂為常制元咬都元帥置省占城常遣一虎符百戶一金牌千戶同到其

國竟為拘執不返至元真中遣使招諭始臣服本朝洪武初遣使往告諭即位國主忽皃那遣其臣奈亦吉郎等表賀獻方物　六年賜國王大統曆並綵段等物　二十年復遣行人唐敬使其國國主貢象五十九頭香六萬斤自後入貢不常　永樂初元徧諭海外諸蕃告以即位遣御史尹綬受命往其國綬受命自廣州發舶由海道抵占城又由占城過淡水湖善提薩州歷魯般寺而至真臘

按真臘有魯般墓在其城南門外一里許其城甚方整四方各有石塔一座俗傳魯般一夜造成然魯般本魯人安得有墓在真臘今以般仙若常存世間靡處不到凡有宮殿塔橋之奇巧

者必指為般所造不惟中國而外夷亦然又何妄哉

綏既入國僉告朝廷所以遣使之意辭情懽愜感信並伸夷王畏敬承命綏歸凡海道所經島嶼縈迴山川險惡地境連接國都所見悉繪為圖以獻上大悅

按元城帝時遣永嘉周達觀招諭真臘往返一年半悉得其國之風俗道里海物土產作真臘風土紀言其國自稱為甘孛智自溫州開洋行丁未針歷閩廣過七州洋經交趾占城至真蒲乃真臘境矣自真蒲行坤申針過崑崙洋入港港凡數十惟第四港可入其餘悉以沙淺故不通巨舟然而彌望皆修藤古木黃沙白葦倉卒未易辨認故舟人以尋港為難事自港口北

行順水可半月抵其屬郡曰查南又換小舟順水可十餘日過佛村渡淡洋則抵其地矣大抵航海固必用針以為向尤必用磁石以養針磁石出福建之佛字山有神最靈凡取磁石必先致禱於神神許則往亦不多得否則皆頑石無用者洪武初上饒人許穆以明經擢政和縣丞有惠政遠近以康能稱之三載秩滿行李蕭然或逆之曰公既都人之贐佛字山有磁石盍往取焉以供路資穆乃往取未嘗謁神而觸手皆磁石也以之攝針則銜尾而起聯串五枚六枚而不斷凡得數十斤持至京師會大軍將下海求磁石為指南用甚急遂售之每斤易銀一斤民間至今傳之大滄溟渺茫非針不行其法昉于周公之指南車

故名之為指南針磁石之運針亦天造地設非人力所為者今觀穆之得石助康亦何異也豈神物之生必有神靈以司之也耶

二年有中官往使罕事將返從行軍逃者三人其國王以本國三人補役從中官歸朝上曰中國人自適於彼何預乃責其償也且留此三人語言不通風俗不諳吾將焉用況各自有家寧樂處中國乎禮部給其衣食與道里費遣之還尚書李至剛曰臣意中國三人必非適而不返蓋為彼國所誘匿之耳則此三人亦不當遣上曰為君但推天地之心以待人何用逆詐乎竟遣之　二年國王參烈婆毗牙遣陪臣柰職等九人入貢方物賜紗幣表裏　三

年黍烈毘牙卒命序班王孜往祭之封其長子黍烈照平牙為王賜（鈔）綵幣等物　十九年黍烈昭平牙遣使奉金縷表文貢馴象與諸方物　景泰三年來貢賜王錦二段紵絲六疋紗羅各四疋王妃貯絲四疋紗羅各三疋筵宴差來頭目并通事總管火長賜衣服貯（紵）絲絹布有對（差）其後朝貢不絕云　其國城周圍約二十里石淳（濠）廣二十餘丈郭內人家可萬餘城三十所各有數千家城門之上有大石佛頭五面向四方中置其一飾之以金當國之中有金塔一座傍有石塔二十餘座石屋百餘間東向金橋一所金獅子二枚列於橋之左右金佛八身列於石屋之下金塔至北可一里許有銅塔一座比金塔更高望之鬱然又北一里許則為王宮其

卷八　四　海學山房

正屋之瓦以鉛為之屋頭壯觀修廊複道突兀參差其莅事處有金窗櫺列鏡四五十面王宮之中又有金塔王夜則卧其上土人皆謂塔之中有九頭蛇精乃一國之土地主也係女身每夜則見先與之同寢交媾雖其妻亦不敢入二鼓乃出方可與妻妾同睡若此精一夜不見則番王死期至矣若王一夜不往則必獲災禍其次臣僚屋制皆用草蓋獨家廟及正寢二處許用瓦亦隨其等級為廣狹之差（王宮官舍皆向東）男婦率搽髮垂耳性氣捷勁右手為淨左手為穢縣鎮風習占城無異交易皆婦人為之（唐人到彼必先納婦人者兼利其賣買故也）每日一墟自卯至午即罷無居鋪但以蓬席鋪地亦納官司賃地錢小交關用米穀及唐貨次用布大交關則用金銀頗敬唐

人呼之為佛伏地頂禮近亦有脫騙唐人者其民殺唐人則償命唐人殺其民則罰金無金賣身贖罪國中有丞相將帥司天等官其下各設司吏之屬但名稱不同耳大抵皆國戚為之否則亦納女為嬪其出入儀從亦有等級用金轎扛四金傘柄者為上金轎扛二金傘柄者次之以漸而降其下者止用一銀傘柄而已海島村僻人物醜黑號為崑崙至如宮人及南棚乃府第也婦女多有白如玉者大抵一布經腰之外不以男女皆露出胸酥椎髻跣足雖國之妻亦只如此國主凡有五妻正室一人四方四人其下嬪婢之屬聞有三五千未嘗輕出戶凡人家有女美者必召入內供役皆有大夫與民間雜處只於顖門之前削去其髮塗以銀硃及兩鬢以

為別。自橋陳如教人事天神每旦誦經咒故易世猶重僧生女九歲請僧作梵法去其童身點其額為吉利名曰陣毯人家養女父母必祝曰願汝有人要將來嫁千百個丈夫每歲四月內當陣毯之家先報官司給一巨燭刻畫其間約是夜點燭至刻畫處則為陣毯時候矣先期擇僧亦各自有主顧好僧皆為富室所取饋以酒米布帛檳榔銀器之類有至一百担者所以貧家至十一歲而始行事者為難辦此物耳亦有捨錢與貧女陣毯者謂之做好事然一歲中一僧止御一女十歲即婚嫁娶之家各八日不出且晝夜燃燈不息

文書皆以麂鹿皮染黑用粉碾小條子其名為梭畫以成字永不脫落每用中國十月為正月亦有燈毬煙火之設

以木接續縛成棚可高二十餘丈裝煙火爆杖於其上遇夜則請國主出觀點放雖百里之外皆見之爆杖大如炮聲震一城國主亦請奉使觀焉每一月必有一事如四月則拋毬九月則壓獵聚衆數閲五月則迎佛水送水與國主洗身陸地行舟七月則燒稻新稻已熟迎於南門外燒之以供佛八月則挨藍伎樂舞也鬬猪鬬象國人亦有通天文者日月薄蝕皆能推算但只閏九月一夜分四更民間爭訟雖小事亦必上聞初無笞杖之責但聞罰金而已其人大逆重事亦無絞斬之事止于城西門外掘地成坑納罪人於內實以土石堅築而罷其次有斬手足指者有去鼻者但姦與賭無禁姦婦之夫或知之則以兩柴絞姦夫之足痛不可忍竭其貲而

與之方可獲免然裝局欺詐者亦有之又有所謂天獄者國宮對岸有石塔十二座爭訟莫辨令各坐一塔中其無理者必獲病而出有理者畧無纖事以此判直如人家失物盜不肯認遂煎熱油令伸手於中若果偷物則手腐爛否則皮肉如故蕃人有法如此人死無棺止以篷席之類蓋之以布喪亦用旗幟鼓樂之屬拋尸僻遠有鷹犬食盡則謂父母福報若不食則為有罪今已亦漸有焚者皆唐人之遺種也父母死別無服制男子則髡其髮女子則於顱門剪髮如錢以為孝國主仍有塔葬埋

啟土沃饒田無畛域隨力所及而耕種之一歲中三四番收種蓋四時如夏不識霜雪故耳酒有四等第一曰蜜糖酒用藥麴以蜜水中半為之次曰明朋牙四樹葉名也

即以為釀次曰包稜角以米為之其下曰糖鑑酒以糖為之又有茭漿酒茭葉之漿醸物無禁濱海處皆可燒又山間有石味勝於鹽可琢成器婦人不能蠶桑針線之事僅能織木綿布近年暹人來居却以蠶桑為業尋常人家別無卓凳盂桶之類作飯用瓦釜作羹用瓦銚以椰子殼為杓以樹葉造小碗盛羹不漏若府第富室及國之慶賀器皿多用金銀地下鋪虎豹麂鹿等皮食品用布罩王宮內以銷金縑帛為之皆舶商所饋諺云富貴真臘為此故也　其王坐五香七寶牀上施寶帳着朝霞吉貝頭戴金寶花冠被珍珠瓔珞足履革屨耳懸金璫常服白氎凡出遊時諸軍馬擁其前旗幟鼓樂踵其後宮女三五百花布花髻手執巨燭為一隊雖白日亦點燭又有宮女

執摽槍摽牌為內兵自成一隊又有羊車馬車皆以金為飾臣僚騎象前列其次則王之后最後則王立於象上手持寶劍其四圍象隊甚多又必迎小金塔金佛在前觀者跪地頂禮否則為貌事者所擡王每日兩次坐衙治事諸臣及百姓之欲見王者皆列坐地上以俟聽內中隱隱有樂聲在外方吹螺以迎之須臾見二宮女纖手捲簾而王乃伏劍立於金牕之中臣僚皆合掌扣頭螺聲既絕乃許擡頭王呼上殿則跪以兩手抱膊遶王環坐議政事畢跪伏而去王即轉身入二宮女復垂其簾王坐處有獅子皮一領乃傳國之寶也　其產銅金顏香乃樹脂有淡黃色者有黑色者劈開雪白者為佳夾砂石為下其氣能聚衆香番人以之和香

塗身　篤耨香樹如杉檜香藏於皮老而脂自流溢者名曰篤耨冬月因其凝而取之者名黑篤耨盛以瓢碎瓢而爇之亦香名篤耨瓢香　沉香出真臘者為上占城次之　速暫香出真臘者為上伐樹去木而取香者謂之生速樹仆木腐而香存者謂之熟速其樹木之半存者謂之暫香黃而熟者為黃熟通黑者為夾箋麝香木氣似麝臍　白豆蔻樹如絲瓜蔓衍山谷春花夏實　象蘇木　翠羽　大風子　毗野樹花似木瓜葉似杏實似楮婆田羅樹花葉實畧似棗　歌畢陀樹花似林禽葉似榆而厚大實似李　建同魚四足無鱗鼻如象吸水上噴高五六丈　浮胡魚八足狀如鮔鯆如鸚鵡　其貢象象牙蘇木胡椒黃臘犀角烏

木黃花木土降香寶石孔雀翎其里至東海西蒲甘南加囉希北
抵占城達於京師
按吾學編載真臘屬國有蒲甘者而一統誌則但謂其西至蒲
甘不言為屬也且宋史稱崇寧五年蒲甘遣使入貢詔禮秩視
注輦注輦亦海中夷國名尚書省言蒲甘乃國王不可下視附庸小國請
令且如交趾諸國禮從之及考宋時寵遇交趾每在各夷之上
故真宗景德四年交趾遣使黃雅成等來貢會含元殿大宴真
宗成雅坐遠欲升其位訪於宰相王旦旦曰國家惠綏綏遠方
優待使客固無嫌也乃升成雅於尚書省五品之次且詔拜其
國王黎龍廷特進檢校太尉充靜海軍節度觀察處置等使兼

御史大夫上柱國賜推誠順化功臣夫宋禮交趾其崇如此而以蒲甘與匹則蒲甘昔固不屬真臘也今蒲甘不聞通使我朝或宋末國弱為真臘所併亦未可知且宋于各夷既封為王復加官爵如交趾占城皆然我朝冊封之外不雜以品職無為得體

暹羅

暹羅國在占城極南自占城海道順風十晝夜可至其國北岸連于交趾本暹與羅斛二國之地暹古名赤土羅斛古名婆羅剎也暹國土瘠不宜耕種羅斛土田平衍而多稼暹人歲仰給之隨大業初曾遣使常駿自南海道往赤土人遂訛傳赤土為赤眉遺種云後改曰暹元元貞初暹人常遣使入貢至正間暹降於羅斛合

6

為一國

按別誌云赤土疆域正與暹羅同東波羅剌國西婆羅娑國南訶羅旦國北距大海地方數千里常駿自南海郡水行晝夜二旬每值便風至焦石山而過東南泊陵伽鉢拔多州西與林邑相對上有神祠焉又南行至獅子石自是島嶼連接又行二三日西望見狼牙須國之山于是南達雞籠島至于赤土之界林邑今占城也觀此則以赤土又為一國與暹並壤耳且宋史不載暹羅豈已前不通中國者耶

本朝洪武初遣大理少卿聞良輔往諭之暹羅斛國王參烈昭昆牙遂遣使入貢進金葉表文賜以大統曆

按別誌又載永樂初海外諸國來稟聲教良輔奉命往諭自暹
羅爪哇以至西洋古里則良輔豈兩使彼國耶
七年暹羅斛國使臣沙里拔來朝自言本國令陪臣柰思里儕刺
悉識替入貢去年八月舟次烏豬遭風壞舟漂至海南收獲漂餘
貢物蘇木降香兜羅錦來獻省臣以聞上恠其無狀疑為番商覆
舟詭言入貢却之後其子參烈寶毘牙立　九年王遣子昭祿羣
膺奉金葉表文貢象及胡椒蘇木之屬上命禮部員外郎王恆中
書省臣使察時敏往賜之印詔曰君國子民非上天之明命后土
之鴻恩曷能若是華夷雖間樂天之樂率土皆然若為人上能體
天地好生之德協和神人則祿及子孫世世無間矣爾參烈寶毘

牙思里哆哩祿自嗣王位以來內修齊家之道外造睦鄰之方況
頻遣人稱臣入貢以方今蕃王言之可謂盛德矣豈不名播諸書
哉今年秋貢象入朝朕遣使往諭特賜暹羅國王之印及衣一襲
爾當善撫邦民永為多福恒等與昭祿羣膺陛賜文綺衣服並道
里費　十六年給勘合文冊令如期朝貢　二十年又貢胡椒萬
斤蘇木十萬斤　二十八年　詔遣中使趙達宋福等祭其故王
參烈昭昆牙賜嗣王昭祿羣膺文綺四疋羅四疋毯綵布四十疋
王妃文綺四疋羅四疋毯綵布十二疋勅諭之曰朕自即位以來
命使出疆周于四維諸邦國足履其境者三十六聲聞于耳者三
十一風俗殊異大國十有八小國百四十九較之於今暹羅為最

近遹者使至知爾先王已逝王紹先王之緒有道于家邦臣民歡懌茲特遣人祭已故者慶王紹位有道勅至罔戾法度罔淫于樂以光前烈其敬之哉　永樂元年遣使入賀即位自是其國止稱暹羅國　二年遣使坤文現表貢方物詔內使李興等賚勅往勞之并賜文綺紗帛　四年復貢方物且乞量衡為國中式　詔賜古今烈女傳給與量衡　七年王遣使奉儀物祭仁孝皇后命中官以告几筵是歲復遣坤文琨貢方物初南海民何八觀等流移海島遂入暹羅至是因其使歸上命傳諭國王遣八觀等還毋納流移以取罪戾并賚王金絨紵絲紗羅織綿　八年貢馬及方物送中國流移人還賜勅勞之　十年復貢　十三年昭祿群膺哆

其子三賴波磨扎剌的嗣位，以兵侵滿剌加國，滿剌加訴于朝，遣勅諭之，令與滿剌加平。勅曰：朕祗膺天命，君主華夷，體天地好生之心以為治，一視同仁，無間彼此。王能敬天事大，脩職奉貢，朕心所嘉，蓋非一日。比者滿剌加國王亦思罕荅皃沙嗣立，能繼乃父之志，躬率妻子詣闕朝貢，其事大之誠與王無異。然聞王無故欲加之兵。夫兵者凶器，兩兵相闘，勢必俱傷，故好兵非仁者之心。況滿剌加國王既已內屬，則為朝廷之臣，彼如有過，當申理于朝廷，不務出此而輙加兵，是不有朝廷矣。此必非王之意，或者左右假王之名弄兵以逞私忿，王宜深思，勿為所惑，輯睦鄰國，無相侵越，並受其福，豈有窮哉。王其留意焉。

十五年，賜王錦四疋、紵絲紗羅

各十疋賜王妃紵絲紗羅各六疋　十八年又貢遣中官楊敏等護貢使歸國仍厚賚其王　十九年王遣使李懷等六十人入貢謝侵滿剌加國之罪賜紗幣有差　二十一年又貢賞賜使臣及通事總管客人蕃伴衣服紵絲絹布靴襪履金銀紗帽諸物有差詔定其例使臣人等進到物貨俱免抽分給與價鈔給賞畢日許于會同館開市除書籍及玄黃紫皂大花西番蓮段并一應違禁之物不許收買其餘聽貿易二次使臣筵宴回至廣東布政司復宴　洪熙宣德間至如常期賜王及妃各減永樂十五年之半正統景泰間貢或不常賜復舊例　成化十三年王遣使群謝提素英必美亞二人來貢方物美亞本福建汀州士人謝文彬也昔

年因敗塩下海為大風飄入暹羅遂仕其國官至岳坤岳坤猶華言學士之類至南京其從子瓚相遇識之為織殊色花樣段疋貿易蓄貨事覺下吏始吐實焉

按四夷使臣多非本國之人皆我華無耻之士易名竄身竊其祿位者蓋因去中國路遠無從稽考朝廷又憚失遠人之心故凡貢使至必厚待其人私貨來皆倍償其價不暇問其真偽射利奸氓叛從外國益衆如日本之宋素卿暹羅之謝文彬佛郎機之火者亞三凡此不知其幾也遂使窺視京師不獨經商細務凡中國之盛衰居民之豐歉軍儲之虛實與夫北虜之強弱莫不周知以去故諸蕃輕玩稍有憑陵之意皆此輩為之耳為

職方者可不慎其識察也哉

十七年遣行人姚隆江西臨川人成化辛丑進士往冊封其王弘治中給事中林恒傻奉使行冊封禮

刑部侍郎屠勳送林黃門詩曰八月星槎萬里行載將恩雨過蠻城更籌每用占朝晷土色還應識地名陸賈有才堪使粵班生無處不登瀛誰云此去滄溟遠飛夢時常到玉京

大學士楊一清贈林黃門詩曰百年文軌萬方同地盡暹羅古未通封建屢崇昭代禮揄揚兼伏使臣功天連島嶼蠻煙靜日射滄溟瘴雨空聞道越裳王化在幾多重譯頌聲中

正德十年國王遣使貢方物進金葉表文詔譯其字無有識者禮

部以聞太學士梁儲疏曰據提督四夷館太常寺卿沈冬魁等呈該回回館教習主簿王祥等呈切照本館專一譯寫回回字凡遇海中諸國如占城暹羅等處進貢來文亦附本館帶譯但各國言語土字與回回不同審譯之際全憑通事講說及至降勅回賜等項俱用回回字今次有暹羅國王差人來京進貢金葉表文無人識認節次審譯不便及查得近年八百大甸等處夷字失傳該內閣具題暫留差來頭目藍者歌在館教習成效今無比照藍者歌事例於暹羅國來夷人內選留一二名在館并選各館官下世業子弟數名送館令其教習待有成之日將本夷照例送回本王等因實為便益據此臣等看得習譯夷字以通朝貢係是重事今暹

羅夷字委的欽人教習相應處置合無着禮部行令大通事並主簿王祥等將本國差來通曉夷字人再加審譯暫留一二在館教習待教有成效奏請照例送回庶日後審譯不致差誤上從之

按洪武十五年命翰林侍講火原潔等編類華夷譯語上以前元素無文字發號施令但借高昌書製蒙古字行天下乃命原潔與編修馬懿赤黑等以華言譯其語凡天文地理人事物類服飾器用靡不俱載復取元秘史參考以切其字諧其聲音既成刊布自是使臣往來朔漠皆得其情又凡四夷分十八所設通事六十人大通事有都督都指揮等官統緒小通事總理貢夷降夷及歸正人夷情番字文書譯審奏聞夫此即倣古象胥之

制而設是官職自國初迄正德不過百有餘年而遂失其所守何也且今四夷館中有譯字生有平頭巾通事有食粮通事有官帶通事有借職通事以比太祖之時已數倍其員而竟不能請各國之來文豈非校試之術疎黜陟之法廢人皆食其食不事其事故耶迄至嘉靖間如通事胡士紳等乃交結奸夷捏陷本管主事陳九川等以興詔獄則益不可言矣茲欲肅其官常使無素餐曠職使毋詐上行私以復太祖建官之盛典謂非大宗伯之所當加意者哉

嘉靖元年暹羅及占城等夷各海船番貨至廣東未行報稅市舶司太監牛榮與家人蔣義山黃麟等私收買蘇木胡椒并乳香白

10

錫等貨裝至南京又匿稅盤出送官南京刑部尚書趙鑑等擬問蔣義山等違禁私販番貨例該入官蘇木共三十九萬九千五百八十九斤胡椒一萬一千七百四十五斤可值銀三萬餘兩解内府收貯公用牛榮實緣内鐺得旨違販賣商貨給主刑部尚書林俊復疏謂查得見行條例通番下海買賣劫掠有正犯處死全家邊衛充軍之條買蘇木胡椒千斤以上有邊衛充軍貨物入官之條所以嚴華夷之辨謹禍亂之萌今蔣義山等倚恃威權多買番貨夭幸匿稅事發將牛榮等參奏陛下方俞正法之請尋啟用倖之門忽又有旨給主明主愛一嚬一笑敝袴以待有功者今三萬餘兩之物果一敝袴比給還罪人果賜有功比皆臣等之所未喻

也伏望大奮乾剛立斷是獄將代為營救并請討之人下之法司明正其罪上乃詔贓物照舊入官

按夷中百貨皆中國不可缺者夷必欲售中國必欲得之以故

祖訓雖絕日本而三市舶司不廢市舶初設在太倉黃渡尋以近京師改設於福建浙江廣東七年罷未幾復設蓋北夷有馬市西夷有茶市江南海夷有市舶所以通華夷之情遷無有之貨收徵稅之利減戍守之費且以禁海賈抑奸商使利權在上也然夷貨之至各有接引之家先將重價者私相交易或去一半或去六七而後牙人以貨報官且為之提督如牛榮輩者復從而收臘之則其所存以為官市者又幾何哉今提督雖革而

接引積蠹莫之能去蓋多勢豪為主久擅其利海道副使或行嚴緝是非姦起是以難制其敝遷年浙福之間都御史朱紈勵禁接引以致激生倭寇然則市舶之當開與否豈不有明鑑哉

三十二年國王遣使坤隨離等貢白象及方物白象已斃遺象牙一枝長八尺牙首鑲金石榴子十顆中鑲珍珠十顆寶石四顆尾置金剛錐一根又金盒內貯白象尾為證

三十七年又貢方物眠舊頗不同迄今貢使不絕其國山形如白石峭礪周千里外山崎嶇內嶺深邃田平而沃稼穡豐熟氣候常熱風俗勁悍專尚豪強侵掠鄰境削檳榔木為標槍水牛皮為牌藥鏢等器慣習水戰

王宮壯麗民樓居其樓密聯檳榔片藤繫之甚固籍以籐席竹簟寢處於

中王白布纏首腰束嵌絲悅加綿綺蹬象或乘肩輿男女推髻白布纏頭穿長衫腰束青花手巾其上下謀議刑法輕重錢穀出入凡大小事悉決於婦人其志量在男子上其男一聽苟合無序遇中國男子甚愛之必置酒飲待歡歌留宿男陽嵌珠玉富貴者範金盛珠行有聲婚則群僧迎送婚至女家僧取女紅貼男額稱利市婦人多為尼姑道士能誦經持齋服色畧似中國亦造菴觀　能重喪禮人死氣絕必用水銀灌養其屍而後擇高阜之地設佛事葬之

釀秫為酒煮海為塩以海𧴩代錢每一萬箇准中統鈔二十貫

貨用青白花磁器印花布色絹色段金銀銅鐵水銀燒珠雨傘之屬

其產羅斛香味極清遠亞于沉香大風子油蘇木其賤如薪犀象犀角象

牙翠毛黄蠟花錫其貢象象牙犀角孔雀尾翠毛龜筒六足龜寶石珊瑚金戒指片腦米腦糖腦腦油腦柴檀香安息香黄熟香降真香羅斛香乳香樹香木香烏香丁香阿魏薔薇水丁皮碗石紫梗藤竭藤黄硫黄没藥烏爹泥肉豆蔻白豆蔻胡椒蓽撥蘇木烏木大楓子苾布油紅布白纏頭布紅撒哈剌布紅地絞節智布紅杜花頭布紅邊白暗花布作連花布烏邊葱白暗花布細棋子花布織人象花文打布西洋布織花紅絲打布織雜絲打布剪絨絲雜色紅花被面紅花絲手巾織人象雜色紅花文絲縵其里至占城之極南其道由廣東（占城七晝夜至其國）

按禹貢曰島夷卉服召公曰明王慎德四夷咸賓畢獻方物惟

服食器用蓋民生不可躶形而立則衣服之需日用急焉故先王制貢不貴珠玉而貴布帛若是我朝四夷所獻如朝鮮之苧布哈密之氎布交趾之白緝皆重服用也然暹羅海島異俗而能諳於織作綵之貢數品布之貢十有三品如此可謂知所重矣今天下惟浙東諸郡頗能盡力蠶桑其他各省多不知識繰繭江淮雖多綿花而不事紡織是何異於暹俗之勤敏哉

、滿剌加

滿剌加國古哥羅富沙也在占城極南自爪哇舊港順風八晝夜可至其國瀕海山孤人少漢時嘗通中國受羈屬於暹羅每歲輸金四十兩為稅故未嘗稱國本朝永樂三年其王西利八兒速剌

遣使奉金葉表文朝貢賜王綵緞襲衣　七年命中官鄭和等持詔封為滿剌加國王賜銀印冠帶袍服使者言王慕義願同中國屬郡歲効職貢又請封其國之西山定疆域界俾暹羅不得侵擾上悉從之詔封西山為鎮國山賜以御製碑文勒石其上上以褒義善書手擬金龍文箋命書其詔偶落一字義奏曰敬畏之極輙復有此上曰朕亦有之此紙難得姑加註其旁可也義曰示信遠人豈以是惜上深然之復擬以箋更書之　九年嗣王拜里蘇剌率其妻子陪臣五百四十餘人來貢廣州驛聞上念其輕去鄉土跋涉海道而至遣中官海壽禮部郎中黃裳等往宴勞之復命有司供張會同館既至奉表入見并獻方物上御奉天門宴勞之別宴

王妃及陪臣等仍命光祿寺日給牲牢上尊命禮部賜王綿繡龍衣二襲麒麟衣一襲及金銀器皿幃幔裀褥賜王妃及其子姪陪臣傔從文綺紗羅襲衣有差出就會同館復宴既而王辭歸餞於奉天門別餞王妃陪臣等賜勑勞王曰王涉海數萬里至京坦然無虞者蓋王之忠誠神明所佑也朕與王相見甚歡固當且留但國人在望宜往慰之今天氣尚寒順風帆去實為欣時王途中善飲食善調護副朕眷念之懷賜王金鑲玉帶儀仗鞍馬黃金百兩白金五百兩賜妃冠服白金二百兩賜王子姪冠帶并陪臣等各賞賚有差復命禮部餞於龍江驛仍賜宴于龍潭驛　十一年王遣人至爪哇國索舊港地謂請于中國已許之矣上詔爪哇勿聽

十二年王母來朝宴賜如待王妃　十七年國王亦思罕荅兒沙嗣立復率妻子入朝後暹羅國欲舉兵攻之遣使來告上詔暹羅與平　二十年其子西哩麻哈剌以父新歿率其妃及陪臣至闕朝貢　宣德九年復至　景泰中王子無荅佛哪沙請封遣兵科給事中王暉往封之　天順三年王卒其子蘇丹芒速沙襲爵

成化十四年嗣王復請封上命禮科給事中林榮為正使行人黄乾亨為副使往封之竣事而還舟抵洋毀遭風並溺於海上愍之遣官諭祭榮贈其官乾亨贈司副各錄一子入胄監乾亨子後登第即南畿提學御史如金也

按乾亨之曾祖名壽生永樂中為檢討祖子嘉以孝行起知東

鹿縣父深景泰中為檢討御史父壽生永樂成子應天發解其
年縣庠楊惪亦在本省發解時稱同科兩元為一邑之盛至乾
亨復中成化甲午第一時稱祖孫兩元為一門之盛至乾亨復
中成化甲科二榜首一監察其榮遇真罕儷者然八閩誌載壽
生敦行義勤問學經史百氏多所貫通尤邃詩經一時從遊之
士多取高第為時聞人而莆之業是經者壽生實其初祖則乾
亨之家學淵源不誣也其乾亨啣命而蒙難殞其身以昌其子
豈非天之報其世德也哉
又按航海之役本亦危道觀陳侃琉球一錄幾覆者再若後人
有後祿天必相之如宋劉崇之為侍郎使金渡黃河先一夜河

口舟人夢岸上軍馬數百有神人大呼曰明日有劉侍郎渡河見奉嶽府指揮令我擁護爾等須用小心次日崇之至值河水泛漲中流失楫舟人倉皇無措其舟自風浪中直抵岸下陽河望水中若有數十人操舟而行者崇之為兒時書齋文籍為鼠嚙戲書一判示土地云爾不職杖一百押出齋門是夜其師夢老人曰某實不職煩一言於侍郎兒斷次日其師以告崇之遂毀其判夜又夢老人曰謝教授救解有少白金為謝次早於書几上得銀一先大以為異後崇之果為侍郎此與天妃之相陳佩若一揆耳因是知人之出處生死自有定數非人所為常聞黃門傳凱南安人奉使海蕃禱夢于九鯉之神夢中神語曰青草流沙六六灣及覺莫測其何指也既至藩國宴間其王請曰有一聯句求天使對之曰黃河濯水三三曲蓋黃河九曲彼以能知我

里相誇也凱忽憶夢語即應曰青草流沙六六灣王起拜謝相待益恭蓋彼處有青草渡三十六灣以使臣亦能識其地里故耳夫此未來之對語鬼神預知豈有數存焉而況人之生死乎凡我乘槎之士幸則為劉崇之陳侃而不躍躍以喜不幸則為林榮黄乾亨而不戚戚以懼亦曰莫非命也順受其而已

後國王復遣使進火雞至今通貢不絕

按火雞軀大如鶴羽毛雜生好食火炭駕部員外張汝弼親試喂之

其國舊名五嶼東南距海西北皆山地瘠鹵田瘠少收内有山泉流為溪于中淘沙取錫煎成塊曰斗錫每塊重官秤一斤四兩及

14

織芭蕉心箪惟以斗錫通市無他產氣候朝熱暮寒男女椎髻身膚黑漆間有白者唐人種也俗尚淳厚民淘錫網魚為業屋如樓閣而不鋪板但用木高低層布連床就榻箕踞而坐飲食廚厠俱在上貨用青白磁器五色燒珠色絹金銀之屬其山曰鎮國其產曰錫布蘇木楜椒象牙犀角硫黃玳瑁其貢番小廝犀角象牙玳瑁鶴頂鸚鵡黑熊黑猿白麂鎖袱（哈烈亦產一名梭服）烏毴為之紋如綺金母鶴頂金廂戒指撒哈剌白苾布薑黃布撒都細布西洋布花縵片腦梔子花薔薇露沉香乳香黃速香金銀香降真香紫檀香丁香烏木蘇木大風子番錫番鹽其道由廣東

按別誌云滿剌加國海旁之人亦能刳木為舟以取魚然海中

適為篇末，未知是否原鈔葉，按目錄應為爪哇篇。

確是篇末

下頁已補

有所謂龜龍者高四尺四足身負鱗甲露長牙遇人即噬噬即死漁人甚畏其害又山有黑虎視虎差小能變人形白晝群行于市人有覺其為虎者乃擒殺之予嘗聞牛哀化虎博殺其兄湓民變虎夜食其豕未聞以虎化人者獸之化人如鹿之為黃衣郎豕之為烏將軍猿之為袁公狐之為阿紫皆年久成精而今隨常可變亦甚異哉

其國自奉正朔後不屬暹羅

此頁連接下頁
另起頁

南蠻

爪哇

爪哇國古訶陵也一曰闍婆在真臘之南濱海一云在海中自占城起程順風二十晝夜可至其國其屬夷有蘇吉丹打板網底勿數種舊傳鬼子魔天與一罔象青面紅身赤髮相合凡生子百餘常食啖人血肉佛書所云鬼國即此地也其被啖幾盡忽一日雷震石裂中坐一人衆稱異之遂為國王即領餘衆驅逐罔象而除其害自是生齒安業至今其國之遺文載此事已一千三百七十六年考之當在漢時國中以木為城有文字知星曆國王以其子三人為副王官有落佶連四人共治國事如中國宰相無月俸隨

時量給土產諸物次有文吏三百餘員目爲秀才又有卑官殆千員唐貞觀末嘗遣使入貢宋元嘉十二年遣使朝貢後絶淳化三年十二月其王穆羅茶遣使來朝貢云中國有真主本國乃修朝貢之禮使還賜金幣甚厚仍賜良馬戎具以從其請大觀三年遣使入貢

爪哇

詔禮之如交趾建炎三年以南郊恩制授闍婆國王懷遠軍節度琳州管內觀察處置等使金紫光祿大夫檢校司空使持節琳州刺史兼御史大夫上柱國闍婆國王紹興二年復加食邑實封其地名蘇魯馬者為商舶所聚米糧貨物甚衆猢猻數百成群唐時有一人家五百餘口男婦兇惡忽日一僧至其家與論吉凶之事其僧取水噀之俱化為猿猴止留一老嫗不化今舊宅尚存土人及商者常設飲食檳榔花果肉類以祭之不然則禍甚驗也其村有杜板者在海灘有水一泓甘淡可飲稱為聖水元世祖嘗發兵伐其國不克後遣將史弼高興征之數月不下舟中乏水糧盡二將拜天祝曰奉天伐蠻若天與我水即生不與則死遂插鎗鹹苦

海中其泉隨鎗湧起水味甘甜衆軍汲而飲之乃令曰天賜助我可力戰也兵威由是大振喊聲奮擊番兵百萬餘衆悉敗走乘勝長驅生擒番人烹而食之至今稱中國能人也遂獲酋長以歸既服罪尋於還仍封為爪哇國王其港口入北馬頭曰新村居民環接編茭樟葉覆屋鋪店連行為市買賣其地富饒珍珠金銀鴉鶻石猫睛青紅車渠瑪瑙荳蔻草茇子花木香青鹽無所不有蓋通商旅最衆也本朝洪武二年遣行人吳用顏宗魯賜其國璽書書曰中國正統胡人竊據百有餘年綱常既墜冠履倒置朕是以起兵討之垂二十年海內悉定朕奉天命以主中國恐遐邇未聞故專報王知之使者已行聞王國人捏只某丁前奉使于元還至福

建而元亡国來居京師朕念其久離爪哇必深懷念今復遣人送
還須去大統暦一本王其知正朔所在必能奉若天道俾爪哇之民
安于生理王亦永保祿位福及子孫其勉圖之毋怠　三年其主
昔里八達遣使朝貢納前元所授宣勅二道詔封為國王　九年
國其王八達那巴那務怨朝廷待三佛齊
封三佛齊與之埒使臣過其境邀殺之　十三年復遣其臣阿烈
彝列時奉金葉表文貢黑奴三百人使命月餘俾歸因詔諭其王
曰聖人之治天下四海內外皆為赤子所以廣一視同仁之心朕
君主華夷撫馭之道遠邇無間爾邦僻居海島頃嘗遣使中國雖
云修貢實則慕利朕皆推誠以禮待焉前者三佛齊國王遣使奉
表來請印綬朕嘉其慕義遣使賜之所以懷柔遠人爾柰何設為

姦計誘使者而殺害之豈爾恃險遠故敢肆侮如是歟今使者來本欲拘留以其父母妻子之戀夷夏則一朕惟此心特命歸國爾國王當省己自修端秉誠敬毋蹈前非干怒中國則可以守富貴其或不然自致殃咎悔將何及　三十年上以爪哇所屬三佛齊國挾詐阻絕商旅禮部移文暹羅轉達其國諭之後其國分為東西　永樂元年西王都馬板遣使奉表賀即位貢五色鸚鵡孔雀福建參議辛彥博伴押至京賜其王襲衣文綺　二年東王孛令達哈亦遣使朝貢且奏請印章命鑄塗金銀印賜之復賜東西二王紵絲紗羅帳幔手巾羊酒器皿王妃紵絲紗羅手巾等物　三年遣行人譚勝受往爪哇招流民梁道明等勝受者廣東南海人

洪武癸酉鄉貢進士為臨桂縣丞以政最召為監察御史俄降行
人初南海梁道明貿易於爪哇國久而情熟挈家往居積有年歲
閩廣軍民棄鄉里為商從之者至數千人推道明為指揮孫鉉使
海南諸番遇道明子及二奴挾與俱歸聞於朝乃遣勝受同千户
楊信齎勅往招之道明屬其副施進卿代領其衆自隨勝受偕鄭
伯可寄來朝貢方物賜道明等襲衣綵文綺繒帛甚盛上以勝受
奉使稱旨擢浙江按察使　是年西王復貢其旁近小國各遣使
同至朝貢俱賜文綺襲衣三國牒里曰羅治金猫里夏羅治四年西王貢珍珠
珊瑚空青等物東王亦貢馬既而西王與東王相戰遂殺東王時
我使人舟過東王城被西王殺我百七十人西王遣使言東王不

當立已擊滅之矣降詔切責　五年西王都馬板上表請罪願償黃金六萬兩復立東王之子從之　六年西王都馬板獻黃金一萬兩謝罪禮部臣言其欠償金五萬兩下使者法司治之上曰遠人欲其畏罪則已豈利其金耶且既知能過所負金悉免之仍遣使齎勅諭意賜鈔幣而還　八年西王貢馬及方物　十一年西王又貢使還勅曰前內官吳賓等還言王恭事朝廷禮待勅使有加無替比聞王以滿剌加國索舊港之地而懷疑懼朕惟誠待人若果許之必有勅諭今既無朝廷勅書王何疑焉下人浮言慎勿聽之今賜王文綺紗羅王可領也　十三年西王都馬板更名楊惟西沙遣使謝恩　十六年西王遣使獻白鸚鵡　十九年又

貢而東王久不至蓋為其併不復果立矣　西王自宣德後亦久不至　正統三年復遣使貢賜王紵絲十疋紗羅各三疋妃紵絲六疋紗羅各二疋以後回賜不為例　八年令其國三年一貢景泰三年西王遣使求討傘蓋蟒龍衣服詔各給其一　四年復貢方物宴犒其使賞賜織金素羅衣服靴襪通事頭目人等女使并女頭目俱同又命齎綵幣賜王及妃自後不常至間或朝獻云

其國四鄉初至杜板僅千家二酋主之皆廣東漳泉人流寓最久又東行半日至廝村中國人客此成聚落遂名新村約千餘家村主廣東人番舶至此互市又南水行可半日至淡水港乘小艇行二十餘里至蘇魯馬亦有千餘家半中國人港旁大洲林木蔚

戍有長尾猿數萬又水行八十里至漳沽登岸西南陸行半日至王所居僅二三百家總領七八人王宮塼墉高餘三丈方三十餘里屋高四丈地覆板蒙藤花席跏趺而坐民居茅茨磚庫坐卧于内刑無鞭朴罪不問輕重藤縶双殺之市用中國古錢衡量倍于中國國人大抵三種西番賈胡居久者服食皆雅潔中國流寓者尚回回教持齋受戒曰唐人土人顏色黝黑坐卧無椅榻飲食無匙箸啖蛇蟻蟲蚓與犬同寢食不為穢也其婚姻無媒妁惟納黃金于女家男造女家後五日迎歸金鼓刀盾前後甚都婦被髮跣足縈嵌絲帨戴被金珠鈥飾寶粧其國地廣人稠甲兵火銃為東洋諸蕃之雄其俗尚氣好鬬生子一歲便以匕首佩之刀極精

巧名曰不剌頭以金銀象牙雕琢為靶凡男子老幼貧富皆佩于腰間若有爭詈即拔刃相刺蓋殺人逃三日而出即無事矣男子猱頭裸身赤脚腰圍單布手巾能飲酗酒重財輕命婦人亦然惟項金珠聯紉帶之兩耳塞茭樟葉圈于竅中有病不服藥但禱神求佛其喪事凡主翁病死婢妾輩相對而誓曰死則同往臨殯之日妻妾奴婢皆滿頭簪草花披五色手巾隨屍至海邊或野地舁屍于沙地俾衆犬食盡為好如食不盡則悲歌號泣堆柴于旁衆婦坐其上良久乃縱火燒柴而去死蓋殉葬之禮也其王推髻戴金鈴衣錦袍躡革履坐方牀官吏日謁三拜而退出入乘象或乘牛或腰輿壯士五七百人執兵器以從國人見王皆坐俟其過方

起不設刑禁，犯罪者隨輕重黄金以贖，惟寇盜則寘諸死。剪銀葉為錢博易。室宇壯麗，飾以金碧。飲食豐潔。土不產茶，其酒出于椰子及蝦螺丹樹，或以桄榔、檳榔釀成，亦甚香美。其田膏腴，地平衍，穀米富饒，倍于他國。民不為盜，道不拾遺。人有名而無姓。五月遊江，十月遊山，或乘山馬，或乘軟兜。樂有横笛、鼓板，亦能舞。諺云太平闍婆者此也。其山川曰保老岸山（在蘇吉丹國，凡番舶未到，先見此山頂聳五峰，時有雲覆），其山曰鸚鵡山（產鸚鵡），曰八節澗（乃瓜哇咽喉必爭地，元史弼嘗會兵於此）。其產金、銀、珍珠（番名沒參蝦羅）、犀角（番名低密）、象牙（番名家羅）、玳瑁、沉香、茴香、青鹽（不假煎煑，日曬而成）、檀香（樹與葉似荔枝）、龍腦香、丁香（番名香為崐嫰盧林）、蓽澄茄（其藤蔓行，春花夏實，花白而實黑）、木瓜、椰子、蕉子、甘蔗、芋、檳榔、胡椒（樹如葡萄，以作不為棚架，三月花，四月實，五月收采曬乾）、硫黄、紅花、蘇木、桄榔、木吉貝紋布（有綉絲紋雜色絲綫）裝斂藤簟白鸚鵡（能剔言語歌曲）孔雀倒掛鳥（身形如雀而羽五色日間好香則收而藏之羽翼間夜則張尾翼而倒掛以於香）猴（國中山多猴不畏人呼以霄霄之聲即出或投以果則二大猴先至土人謂之猴王猴夫人食畢群猴食其餘）其貢胡椒蓽茇蘇木黃臘烏爹泥金剛子烏木番紅土薔薇露奇南香檀香麻藤香速香降香木香乳香龍腦血竭肉豆蔻白豆蔻藤竭阿魏蘆薈沒藥人楓子丁皮番木鱉子悶蟲藥碗石蓽澄茄烏香寶石珍珠錫西洋鐵鎗摺鐵刀芯布紅油布孔雀火雞鸚鵡玳瑁孔雀尾翠毛鶴頂犀角象牙龜筒黃熟香安息香其入貢三年一期（正統八年定）後無恆其里至東古女人國為三佛齊國南古大食國北占城國達于京師

三佛齊

趙女灘　第四本

三佛齊前代至洪武間爲國今爲舊港宣慰司地古于陀利也在占城之南相距五日程居海中或曰居真臘爪哇之間　泉州僧本稱說其表兄爲海賈欲往三佛齊法常南行二日而東否則值焦上船必糜碎此人行時遇風迅船駛既二日半意其常博而東即回柁然已無及遂落焦上一舟盡溺此人獨得一木浮水三日漂至一島畔度其必死捨木登岸行數十步得一小徑路甚光潔若常有人行者久之有婦人至舉體無片縷言語啁咻不可曉見外人甚喜携牛與歸石室中至夜與共寢天明舉大石塞其外婦人獨出至日晡時歸必賫異果至其味珍甚佳世所無者留稍久始聽自便如是七八年生三子一日總步至海際適有舟抵岸亦

象人以風誤至者乃舊相識急登之婦人奔走號呼戀戀度不可回即歸取三子對此人裂殺之其島甚大然但有此一婦人耳為國時所管十五州又有旁近屬國曰單馬令凌牙斯蓬豐登牙儂細蘭諸種國主號曰詹卑其人多姓蒲梁天監元年入貢後絕唐天祐初復通中國宋建隆以後遣使入貢淳化三年廣州上言其使蒲押陀黎前年來貢歸道聞本國為闍婆嘢爪所侵駐南海一年今春欲歸至占城風信不利復還乞詔諭本國從之熙寧十年使其臣保順慕化大將軍入見以金蓮花貯珍珠龍腦來獻元豐中使至者再本朝洪武二年遣行人趙述使其國　四年述還國主馬哈剌札八剌卜遣使奉金字表文隨述貢方物賀即位賜大統曆并諸文綺　六年復遣使賀正旦貢方物

八年朝使招諭拂菻國歸歷其地遣使隨入貢

九年國主卒嗣子麻那者巫里表乞紹封且請國印綬上遣使齎詔冊封賜印用駝紐銀質塗以金詔曰朕自混一區宇常遣使招諭諸番爾三佛齊國王即稱臣入貢於茲有年今秋使者齎表至知王薨逝爾麻那者巫里以嫡子當嗣王位不敢擅立請命于朝可謂賢矣朕嘉其誠是用遣使賜以三佛齊國王之印爾當善撫邦民永為多福

十年詔賜王及使臣織金綵段紗羅靴襪有差三佛齊本臣屬於爪哇者本朝開國之初海外諸番通使不絕商旅便之自胡惟庸謀亂三佛齊因而遣間諜紿我使臣羈留于境爪哇國王聞知其事戒三佛齊令其禮送還朝自後諸國道路不通商旅阻絕上欲

遣使諭爪哇國恐三佛齊中途阻之命禮部移咨暹羅國王轉達爪哇曰自有天地以來即有君臣上下之分且有中國四夷之禮自古皆然我朝混一之初安南占城真臘暹羅大琉球皆修臣職惟三佛齊梗我聲教夫智者憂未然勇者能從義彼三佛齊以蕞爾之國而行奸于中國之中可謂不畏禍者矣爾暹羅國王猶守臣職我皇上眷愛如此可轉達爪哇俾以大義告于三佛齊三佛齊係爪哇統屬其言必信或能改過從善則與諸國咸禮遇之如初勿自疑也其後爪哇併三佛齊廢其國其地有舊港商船所聚爪哇置小酋以司市易南海商人梁道明棄鄉里來居積歲聚衆為之酋長

永樂三年遣行人譚勝受招之還詳具爪哇傳中

按梁道明王直并入海為商者道明其終歸于首丘王直其終徇于藁街人其可不知順逆以擇禍福也哉

五年中使鄭和往西洋還泊舊港遇海賊陳祖義等招之陳祖義者廣東人脫罪避居舊港久之得為三佛齊將領暴橫掠過客至是因鄭和之招詐降潛謀邀劫和有施進卿者祖義鄉人也詐于和和整兵擒祖義誅其黨五千餘人承制官進卿留舊港為將領祖義械送京師斬于市緒番聞之皆讋服是年舊港酋長施進卿遣婿丘彥誠入貢詔設舊港宣慰使司命進卿為宣慰使賜印誥冠帶文綺

二十一年進卿子濟孫復給命濟孫襲宣慰使奏父卒請封并言印為火所毀請復給命濟孫襲宣慰使賜冠帶織金

文綺襲衣銀印中使鄭和齎往賜之自是比諸番國朝貢不絕
其國在海中撓諸番舟車往來之咽喉商旅過不入輒出船合戰
故諸國之商船輻輳累甓為城人民散處城外水多地少部領者
皆在岸造屋居之周匝皆僕從住宿其餘民庶皆於木架木筏蓋
屋而屋（居）覆以椰葉以木樁拴閘或水長則筏浮起不能沒也或欲
別居起樁去之連屋移徙不勞財力四時之氣多熱少寒冬無霜
雪土沃倍于他壤古云一年種穀三年生金言其米穀盛而多貿
金也民故富饒囂好謠男女推髻穿青綿布衫用香油塗身以金
銀貿易貨用燒玉色珠青白磁器銅鼎五色布絹色段大小瓷甕
銅錢之屬民習水陸戰臨敵敢死服藥兵及不能傷擊兵隨時徵

發立酋長統率之自備兵糧平時亦不輸徵稅凡文字用梵書其
王指環為印亦有中國文字上表章用焉三佛齊本南蠻別種初
隸爪哇有地十五州東距爪哇西距滿剌加南距大山西北濱海
其產金銀水晶珠瑠璃犀象象牙安息香樹脂其形色類核桃穰不宜于燒然能發象香
故人取以和香龍腦香檀香烏楠木單馬令國出樹似上桐可為罌猫睛石細蘭國出瑩潔明透如猫
眼睛沉香乳香樹如榕以刀斫之液溢于外凝結而成其為品十有其名滴乳餅乳袋者黑榻纏木之別薔薇水
即薔薇花上露花與中國薔薇不同土人多取其花浸水以代露故偽者多以瑠璃餅試之翻搖數四其泡周上下者為真萬
歲棗木香樹類絲爪冬取根晒乾楠桃婆律香薰陸香蘆薈草屬狀如黨尾抹之以玉器搗
研成膏名曰蘆薈梔子花色淺紫香清越其花稀有之土人採之曝乾藏琉璃瓶中沒石子樹如樟開花結實如
中國茅栗蘇合油以濃而無滓者為上膃肭臍獸形如狐脚高如犬走如飛取其腎以漬油名曰膃肭臍阿魏

樹不甚高土人納竹筒于樹梢脂滿其中冬月破筒取脂即阿魏也或曰其脂最毒人不敢近每採時繫羊樹下自遠射之脂之毒着于羊羊斃即為魏

珊瑚生海中最深處初生色白漸長變黃以絲繩繫五爪鐵猫兜用黑鉛為墜擲海中取之初得肌理軟膩見風則乾硬變紅色者為貴若失時不取則蠹敗

沒藥樹高大加松皮厚一二寸採時掘樹下為坎用斧伐其皮脂流于坎旬餘取之

血竭樹畧同沒藥採亦加之自乳香以下諸物多大食諸番出而萃于于三佛齊國

又產鶴頂火雞

神鹿鶴頂鳥大于鴨腦骨厚寸餘外黃內赤鮮麗可愛火雞大于鶴頸足亦似鶴軟紅冠銳嘴毛如青羊色爪甚利傷人腹致死食炭神鹿大如巨豕高可三尺短毛喙啼三路其貢黑熊火雞孔雀五色鸚鵡諸香兜羅錦被苾布白獺龜筒胡椒肉豆蔻番油子米腦其里至占城國南至日其入貢自廣東達于京師

浮泥

趙在瀚

浡泥國在西南大海中所統十四州前代屬爪哇不通中國宋太平興國中國主閤(向)打始因商人蒲盧歇遣使入貢元豐中國主錫里麻喏邊使又至自後久絕本朝洪武三年命監察御史張敬之福建行省都司沈秩(秩烏程人)持

詔往諭至其國國主馬合沙漠倨傲無禮秩令譯言曰皇帝撫有四海日月所照霜露所墜無不奉表稱臣浡泥以彈丸之地乃欲抗天威耶國主大悟舉手加額曰

皇帝為天下主即吾君父安敢云抗秩折之國(曰)王既知君父之尊為臣子柰何不敬亟撤去座更設几置詔書其上命國主師(帥)官屬列拜于庭秩奉詔立宣之王俯伏以聽因曰近者蘇祿來侵子女玉帛盡為所掠必俟三年後國事稍舒當造舟入貢秩曰皇帝

22

登大寶已有年矣四夷之國東則日本高麗南則交趾占城闍婆西則吐蕃北則蒙古諸部落使者接踵于道王即行已晚何謂二年國主曰地瘠民貧愧無奇珍以獻故將遲遲爾非有他也秩曰皇帝富有四海豈有所求但欲王之稱藩一示無外爾國主曰容與相臣圖之又明日其相王宗恕來曰使者之言良是請以五月五日成行爪哇有人問國主曰蘇祿來攻王帥師却之今聞歸誠中國無我闍婆矣國主惑之秩復走見國主國主辭以疾秩大言謂宗恕曰爾謂闍婆非中國臣耶闍婆尚稱臣於爾國乎何有使者還朝天兵旦夕至雖欲噬臍悔何及乎宗恕悚然曰敬聞命矣入白國主大會其屬共議遣亦思麻逸等入朝更以金佩刀吉貝

布為贈秩穀然辭之國主顧近侍曰中國使者廉潔乃如是耶闍婆來人討索每無厭況强之而不受耶秩以涉海萬里不可無紀仍與敬之各賦一詩國主大悅書於板懸之既别舟行至海口國主又惑左右言令人與亦思麻逸曰使者不受刀布爾等必不還矣秩恐國主不安復走其所反覆譬曉之王曰使者之言如此予中心釋然矣王舉酒酹地祝曰願天使早還中國願區區微介亦早歸敝邦於是亦思麻逸隨秩等至朝見奉上金表皇太子銀箋各獻方物賜宴于會同館已而遣歸寵賚其王甚厚八年詔渟況山川之神附祭于福建山川位次永樂三年詔遣使封其國主麻那惹加那乃為王給印符誥命六年王率其妻子家屬陪

臣來朝泊福州港守臣以聞上念王距中國數萬里遠涉鯨波而至遣中使偕禮部官往迎勞之所過諸郡皆設宴既至王奉表入見并上東宮箋各獻方物妃亦上中宮箋獻珍物上享王于奉天門別宴妃及王弟王子陪臣他所復命俱張會同館日給牲牢上尊賜王金繡龍金麒麟等襲衣金玉裝帶儀杖鞍馬入賜妃與王子冠服下逮陪臣傔從文綺紗羅襲衣出就會同館復賜宴焉王卒于館輟朝三日祭賻甚厚謚為恭順賜葬南京城南石子岡以西南蠻人隸籍中國者守之樹碑建詞命有司春秋致祭復令其子遐旺襲封遣行人内官護送歸國瀕行賜宴奉天門別宴王母陪臣等賜金百兩銀三千兩凡館中幃幔裀褥器皿悉撤以贈

復命禮部宴餞于龍江驛又宴龍潭驛初國王麻那惹加那乃上言蒙恩封王爵境土皆屬職方國有後山乞封表為一方之鎮王卒其子遐旺以為請六年詔封其山為長寧鎮國山御製碑刻石于上　十二年洪熙元年皆來朝貢今亦罕至矣其地炎熱多風雨無城郭樹木栅以為固或曰以板為城王所居屋覆以貝多葉民舍覆以草王坐繩床出即大布單坐其上衆舁之名曰軟囊戰鬬首持刀披甲甲以銅鑄狀若大筒穿之於身護其腹背其國隣底門國有藥樹取其根煎為膏服之及入其體兵刃所傷皆不死歛喪葬亦有棺歛以竹為轝車載棄山中二月始耕則祀之踰七年則不復祀婚聘之資先以椰子酒次檳榔又次以指環然後以

吉貝布或量出金銀成其禮國人以十二月七日為歲節取樹實為漿澄漉賦如粉食之能不饑瀝漿為酒凡宴會鳴鼓吹笛擊鈸歌舞為樂無器皿以竹編貝多葉為器盛飲食訖棄之厥習尚奢侈男女椎髻以五采帛纏腰花錦為衫王之服色略倣中國基宇弘敞原田獲利煮海為鹽釀秫為酒愛敬中國人每見中國人醉者則扶之以歸番書無筆札以刀刻貝多葉行之事佛甚嚴五月十三日國人競作佛事其山長寧鎮國其產片腦（樹如杉檜取者必齋沐而往其成片似梅花者為上其次有金腳腦速腦米腦蒼腦札聚腦又一種如油名腦油）檀香象牙吉貝布玳瑁鶴頂巴尾樹貝多葉加蒙樹（二樹心可為酒）椰子檳榔紙（紙類本皮而薄瑩滑皺微絲宋時入貢以書表）厥貢珍珠寶石金戒指金絲環龍腦牛腦梅花腦降香沉速

香檀香丁香肉荳蔻黄蠟犀角玳瑁龜筒螺殼鶴頂熊皮孔雀倒掛鳥五色鸚鵡黑小廝金銀八寶器皿貢單貢目用銀其里至闍婆四十五日三佛齊四十日占城三十日其朝貢自廣東達于京師

瑣里　古里

瑣里國又曰西洋瑣里國古里國又曰西洋古里國或為二國或為四國會典諸書所載各異皆西海諸蕃之會自廣州舶船往諸蕃出虎頭門如入大洋分東西三路東洋差近周歲可回西洋差遠兩歲一回宋於中路置巡海水師營壘其國與伽藍洲獅子國相鄰或云南距柯枝西瀕海自柯枝海行可三日至前代不通中國本朝洪武三年遣使持詔諭西洋諸蕃曰自古為天下主者視

天地所覆載日月所照臨若遠若近生人之類無不欲其安土而樂生然必中國治安而後四方外國來附近者元君歡帖木兒荒淫昏弱志不在民四方豪傑割據郡縣十去八九朕憫生民之塗炭興舉義兵攘除暴亂天下軍民尊朕為皇帝國號大明建元洪武前年克取元都四方以次平定其占城安南高麗諸國俱已朝貢今特遣將巡行北邊始知元君已歿獲其孫買的里八剌封為崇禮侯朕倣前代帝王治理天下惟欲中外臣民咸樂其所又慮汝等僻在遠方未悉朕意故遣使者往諭咸使聞知既而遣前行人聞良輔往諭西洋諸蕃於是古里國主遣使來貢進金葉表以其國涉海道遠賜賚甚厚

五年瑣里國主卜納的亦遣使貢奉

金字表文拜圖其土地山川以獻上賜國主大統曆及織金綵段紗羅各四疋賜使臣綵段紗羅各二疋　七年上因暹羅番商詐貢　詔中書禮部曰昔者中國諸侯於天子比年一小聘三年一大聘九州之外番方遠國則每世一朝其所貢方物不過表誠敬而已高麗稍近中國頗有文物禮樂與他番異是以命依三年一聘之禮彼若就每世一見亦從其意其他遠國如占城暹羅西洋瑣里等處新附國土入貢既頻勞費甚大朕不欲也今遵古典而行不必頻貢其移文使諸國知之　永樂元年二國各遣使貢馬詔許其附載胡椒等物皆免稅命有司造艦舶二百五十艘備使西洋　三年古里又遣使朝貢詔封古里國王給印誥　五年復

來貢、七年遣中官鄭和偕行人通西南夷封海神宋靈惠夫人林氏為護國庇民普濟天妃建祠於京師儀鳳門、

按天妃莆田林氏都巡君之季女幼契玄理預知禍福在室三十年宋元祐間遂有顯應立祠於州里至元中顯聖於海保護海運萬户馬合法忽魯循等奏立廟號天妃賜祭太牢洪武初海運風作漂泊粮米數百萬石於落漈、落漈言水往不可回處萬衆號泣待死矣大叫天妃則風回舟轉遂濟直沽後又封昭應德正靈應孚濟聖妃娘娘之號自後四方受恩之人遂各立廟故今在處有之也永樂中杭州百户郭保海運遭風一旦晝如夕者似三日夜矣舟人泣叫天妃許以立廟頃刻遂見天日成化間杭

州給事中陳詢欽命往日本國至大洋風雨大作舟將覆矣陳禱天曰予命已如君命何遂見二紅燈自天而下若有人言曰救人不救船忽有燈至舟上有漁舟數隻飄泊而至遂得渡登山即語曰吾輩為天妃所遣此山自某地去可幾日至廣東也但多蛇難行今與爾盒藥數足則無害矣已而果然復入京領勅又行下舟時夢天妃曰賜爾木此回當刻我像保無虞也明日有大木浮水而來舟人取之乃沈香至今刻像於家

和等領甲士駕巨艦自福州長樂縣出五虎門航大海西南行抵占城正南行八晝夜抵滿剌加以達西洋古里分䑸遍往支國阿丹忽魯謨斯等處於是古里復遣使貢金絲寶帶金絲細如髮結

花綴八寶珍珠鴉鶻石於上　二十二年仁宗即位從前戶部尚書夏原吉之請　詔停止西洋取寶船不復下蕃　宣德中復開至正統初復禁　成化間有中貴迎合　上意者舉永樂故事以告　詔索鄭和出使水程兵部尚書項忠命吏入庫檢舊案不得蓋先為車駕郎中劉大夏所匿忠笞吏復令入檢三日終莫能得大夏秘不言會臺諫論止其事忠詰吏謂庫中案卷寧能失去大夏在旁對曰三保下西洋費錢粮數十萬軍民死且萬計縱得奇寶而回於國家何益此特一溦政大臣所當切諫者也舊案雖存亦當毀之以拔其根尚何追究其有無哉忠竦然聽之降位曰君陰德不細此位不久當屬君矣大夏後果至兵部尚書　自後其國亦不常至間

26

一遣使朝貢云

按灼艾集中劉大夏為兵部郎中有中官用事獻取交南策以中旨索永樂中調軍數公故匿其籍徐以利害告尚書余子俊力言阻之事遂寢與此相類因附記以俟考

其國古里王好浮屠敬象牛老不傳子傳外孫否則傳弟無外孫弟傳善行人族類分五種如柯枝王南毘人不食牛將領回回人不食猪大家晨起用牛糞為囊佩之每旦水調抹額及股國事皆決於二將領俗尚信義行者讓路道不拾遺海濱為市通諸番用金銀錢以葫蘆為樂器紅銅絲為弦歌聲相協鏗鏘可聽刑無鞭笞輕斷手足重罰金誅戮田瘠宜麥產沉香木香西洋布幅廣至四五尺

五色布花帨濶五尺孔雀白鴒胡椒馬國多駿馬來自西域五色鸚鵡石其

貢寶石金繫腰珊瑚珠琉璃瓶琉璃碗寶鐵刀蘇合油龍涎俺子

花花罈單伯蘭布苾布紅絲花手巾番花人馬象物手巾線結花

靠枕木香乳香檀香錫胡椒

鎖里其產撒哈剌以毛織之蒙茸加氈罽有紅綠二色紅八者藍布䴢木黑布白苾布其貢馬紅撒哈剌紅八者藍布

紅番布水里布曰苾布珠子項串黃黑虎其貢布道亦由廣東

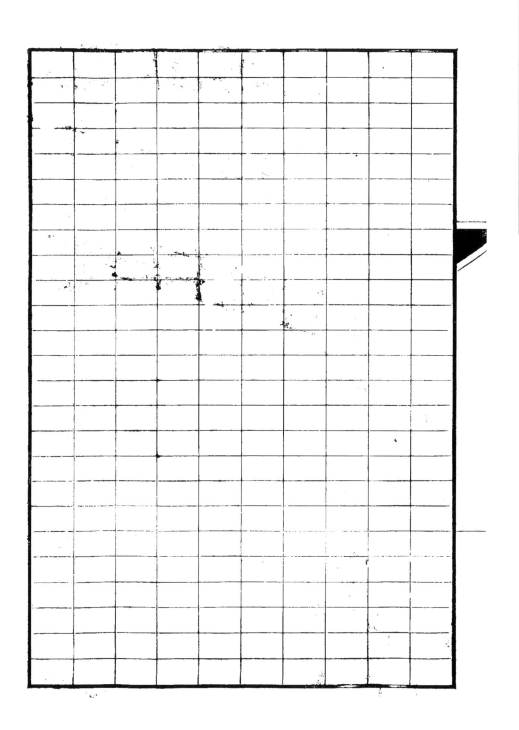

卷九 蘇門荅剌

殊域周咨錄六

海學山房

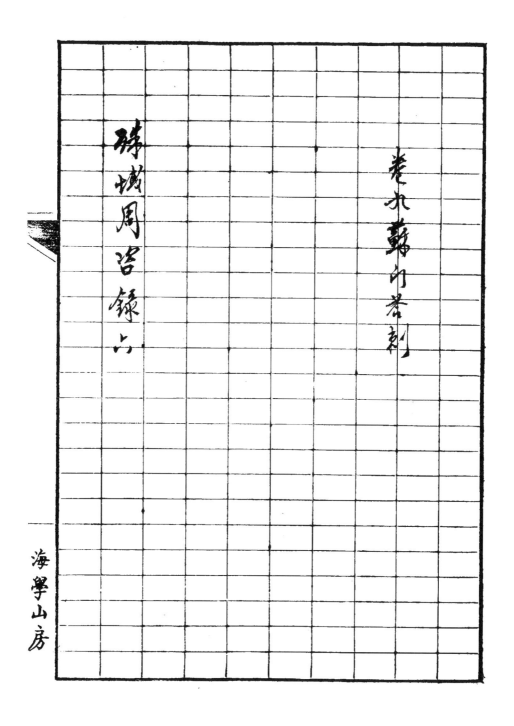

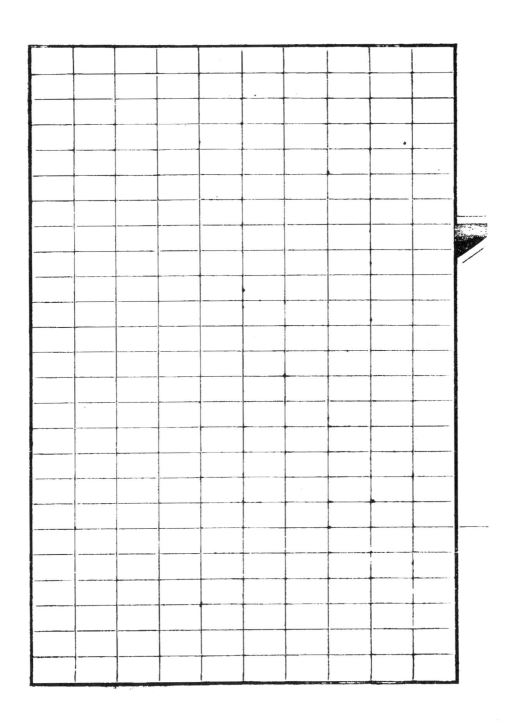

殊域周咨録卷之九

行人司行人刑科右給事中嘉禾嚴從簡輯

揚州府學訓導彭天翔　侄嚴翼

江都縣學訓導王三汲仝校正　嚴肅仝校

蘇門答剌

蘇門答剌國古大食國也在占城之西洋中南連接目所居賓童龍國東北近雪山葱嶺皆佛境西北與大秦相鄰為其屬宋初與占城通貢南又撫宋淳化四年廣州番長以書招諭舶主蒲布(希)密遂至南海以老病不能詣闕乃以方物來獻其表有曰涉歷龍王之宫瞻望天帝之境庶尊玄化以慰宿心今則雖届五羊之城猶

賒儍風之闕自是廣州至今多蒲姓者皆其裔也後與賓童龍國
使來朝貢熙寧中其使辛押拖羅請鋑錢助脩廣州城不納後又
分部領為勿斯離瓈琶囉勿跋等國復并名為須文達那本朝洪
武間遣使奉金葉表貢馬及方物改名蘇門答剌永樂三年酋長
宰奴里阿必丁隨中使尹慶入貢封為蘇門答剌國王給與印誥
五年嗣王鎖丹罕阿必鎮遣使阿里入貢時中官鄭和偕行人奉
使西洋諸番賞賜其主貿易珍物統軍二萬七千餘海舶四十過
其國其臣蘇幹剌專國弑欲國主自立怨朝賜不及己領衆數萬
邀擊官軍和與戰敗之蘇幹剌走追至喃浡國并其妻子獲之獻
於行在論以大逆不道伏誅番夷聞之震慄

按別誌永樂五年國王與花面王戰敗中矢死子弱不能復讎其妻發憤令於國曰能復此讎者我以為夫與共國事有漁翁聞之率衆攻殺花面王王妻遂從漁翁永樂七年漁翁王來貢上喜厚賜之十年遣使至其國故王假子率部衆殺漁翁王其子蘇幹剌率衆奔於哨山時時相侵欲復讎十一年太監鄭和擒假子送京伏法漁翁王子感激貢方物甚夥花面王者即那孤見王也國小僅比大村祇千餘家人皆黥面以故號花面風俗語言類蘇門答剌其事與此稍異姑附記之

宣德六年其國來進馬賜王錦二段紗羅各四疋絹十三疋妃文綺紗羅有差　九年國王復來貢馬回賜綵段二十表裏以後俱

照此例正使賞綵段五表裏并其妻及頭目通事各賞有差　十
年請封其子爲王番正統十年天順三年皆來貢　成化二十二
年番人馬力麻者爲海商詭稱蘇門答剌使臣私通販易市舶中
官常眷利其貨不究問之廣東布政使陳選發其奸抵罪自後其
國間一朝貢　其俗男女髽髻紅布國主軀幹偉長一日之間必
三變色或黑或赤每歲殺十餘人取自然血浴之謂能厭邪四時
不生疾疢故民皆畏服焉民網魚爲生獨木刳舟朝則張帆出海
暮則回田瘠少收胡椒蔓生延蔓附樹枝葉如扁豆花間紅白結
椒纍垂番秤一播荷抵我官秤三百二十斤價銀錢二十箇重銀
六兩其瓜茄一種五年結小再種橘柚酸甜之果常花常結有瓜

一種皮若荔枝未剖之時甚臭既剖味如酥油香甜可口又產鶴頂錫斗蘇木澗布大茄（樹高丈餘經三四年不痒子大如西瓜重十餘斤以梯摘之）煮海為塩釀茭樟子為酒貨用青白磁器銅鐵爪哇布色絹之屬其西去一晝夜城有龍涎嶼獨峙南巫里洋之內浮灎海面波激雲騰每至春間群龍交戲於上而遺涎沫洋水則國大駕獨木舟伺龍出沒隨而抹之或風波則人俱下海一手附舟旁一手揖水而得至岸其涎初若脂膠黑黄色頗有魚腥氣久則成大塊或大魚腹中剌出如斗大焚之清香可愛名曰龍涎（其品有三浮水者為上滲沙次之魚食為下）每香一斤直其國金錢一百九十二枚（准中國銅錢九千文）其貢馬犀牛龍涎撒哈剌梭眼寶石水香丁香降真香沉速香胡椒蘇木錫水晶瑪瑙

番丂石青回回青硫黄自滿剌加國順風九晝夜可至其道亦由
廣東

錫蘭

錫蘭國古狼牙須也在西洋與柯枝國對峙以別羅里為界自蘇門答剌順風十二夜晝可至其國占城極西可望見馬番語謂高山為錫蘭因名附代不通中國或曰狼牙須梁時通馬本朝永樂七年中使鄭和偕行人泛海至其國賚金銀供器綵粧織金寶幡布施於其寺賞賜國主亞烈苦奈兒詔諭之國主貪暴不輯睦隣國數邀劫往來使臣諸番皆苦之和等登岸至其國國主驕倨不恭令子納款索金寶不與潛謀發兵數萬劫和舟而先伐木拒險

絶和歸路和覺之擁衆回舟路已阻塞和與其下謀曰賊衆既出國中必虛且謂我軍孤怯無能為如出其不意可以得志乃從（率）所從兵二千夜半間道啣枚疾走抵城下約聞砲則奮擊入其城生擒亞烈苦柰兒　九年歸獻闕下上命禮部擇其支屬賢者更立之禮部詢於所俘國人舉耶巴乃那賢　十年遣使賫詔印往封之詔曰朕統承先皇帝鴻業撫馭華夷嘉有萬方同臻至治錫蘭國亞烈苦柰兒近處海島肆蓄禍心毒虐下人結怨鄰境朕嘗遣使詔諭番國至錫蘭其亞烈苦柰兒敢違天道傲慢弗恭逞其兇逆謀殺朝使天厭其惡遄被擒俘朕念國中軍民皆朕赤子命簡賢能為之統屬爾耶巴乃那修德好善為衆所推今特封爾為錫

蘭王國嗚呼惟誠敬可以立身惟仁厚可以撫衆惟忠可以事上惟信可以睦鄰爾其欽承朕命永崇天道無怠無驕暨子孫世享無疆之福欽哉時郡邑皆請誅烈苦奈兒上曰蠻夷禽獸耳不足誅遂赦之亦遣歸時國人立不剌萬麻巴思剌查為王詔諭使嗣位　十四年王遣使偕占城爪哇諸國貢馬及犀象方物中官鄭和等賫勅及錦綺紗羅綵絹等物偕往賜各國王　宣德八年入貢賜文綺國王十八疋王妃八疋紗國王與妃各四疋正使副使給賞有差詔使臣以下自進物俱給與價　正統十年貢珠石寶召天順三年王率（卒）其子葛力生夏剌昔利把文（交）把葸遣使貢自後貢使亦間至　其國在大海中有翠藍山最高大參天山頂產有

3

青美藍石黃鴉鶻石青紅寶石每遇大雨衝流山下沙中拾取之其海旁有珠簾沙或云珠池日映光浮起閃々射人常以網取螺蚌蚌傾入大池中作爛淘珠貨之自山東南乘風可三日至赤郊塢瑪塢人定穴居男女皆裸若野獸不粒食食芭蕉子波羅蜜魚蝦又西海行可十日至佛堂山海邊有一盤石山印足跡長三尺許常有水不乾稱為先世釋迦佛從翠藍嶼來登此山足趺蹣其迹至今尚有存故名佛堂山盤石下有臥佛寺稱為釋迦佛涅槃真身側臥在寺亦有舍利子在其寢處寶飾極華麗又西北陸行五十里至王居王尚釋重象牛煅牛糞灰塗体飲牛乳不食其肉殺牛者罪死王宮民居且必調牛糞塗地而禮佛民上裸裸下纏帨加壓腰去鬚髮留髮布纏之女

椎髻於後下裳白布飲食不令人見氣候常熱米穀豐足地廣人稠俗富亞饒於爪哇產龍涎香乳香貨用金錢銅錢青花白磁器色段色絹之屬其道由廣東至京

蘇祿

蘇祿國與浡泥瑣里相近其國分為東西別有一洞共三洞王俱不相統屬或云東王為尊西洞別洞二王副之本朝永樂十五年東國王巴都葛叭答剌西國王巴都葛叭蘇哩別洞丘叭都葛巴剌卜各率其妻子酋長來朝貢珍珠玳瑁諸物賜國主紗帽金鑲玉帶金蟒衣衾褥器皿鋪陳賜王妃冠服文綺紗羅等物王子女姻戚酋長便女給賞有差詔貨物俱給價免抽分東王歸次德州

卒上遣禮部郎中陳士啟祭以文曰惟王聰慧明達賦性溫厚敬
天之道誠事知幾不憚萬數里率其眷屬及陪臣國人歷涉海道
忠順之心可謂至矣茲特厚加賞賚賜錫以恩誥封以王爵俾爾
身家榮顯福爾一國之人近命還國何其嬰疾遽焉殞逝訃音來
聞不勝痛悼今特賜爾謚曰恭定仍命爾子承爾王爵率其眷屬
回還於戲死生者人理之常爾享榮祿於生前垂福慶於後嗣身
雖死殁而賢德令名昭播後世與天地相為悠久雖死猶生復何
憾焉茲用遣人祭以牲醴九泉有知尚克享之又命有司營塋為
文樹碑墓道文曰王者之治天下一視同仁聲教所被無思不服
故曰明王慎德四夷咸服蓋者不待威而從不假力而致者昔朕

皇考太祖高皇帝誕膺天命統御萬方深仁厚德薰蒸動徹近者既悅遠者必來莫不懽忻鼓舞於日月照臨之下猗歟盛哉肆朕續承大統君主華夷繼志述事惟恐弗逮勞來綏懷無彈厥心而戎狄之君蠻夷之長越大小廣邦亦罔不來廷朕悉以禮接之乃者蘇祿國東王巴都葛叭嗒喇邈居海嶠心慕朝廷率躬眷屬及其國人航漲海泛鯨波不憚數萬里之遙執玉帛捧金表來朝京師其恭順之誠愛戴之意藹然見於辭表可謂聰明特達超出等倫者矣朕特加宴賞賜以印章封以王爵送至還國道經德州竟以疾薨永樂十五年九月十三日也訃聞朕不勝悼痛遣官諭祭賜謚恭定仍命有司為塋葬事以是年十月三日塟於州城之

北命其子都麻合襲爵率其屬而還禮官以襄事告請樹碑垂示於後朕惟天無私覆地無私載日月無私照王者奉三無私以代天出治君臣之序立五典之教備內外之分明生人之大慶實主於斯故曰普天之下莫非王土率土之賓莫非王臣今王慕義而來誠貫金石不謂嬰疾遽殞厥身其忠義不可泯故用紀其時以詔後世於戲人孰無死若王光榮被其國澤流於後人名聲昭於史冊永世而不磨可謂得其所歸矣使其區區居海嶠之間一旦殞歿身與名俱滅豈不惜哉王雖薨逝蓋有不隨死而亡者此誠大丈夫矣乃錫之銘曰覆載之內庶類寔蕃天生聖神主宰其間禮樂教化達於四夷包含徧覆恩布德施敬恭玉帛朝於明堂無

有遠近山梯海航粤自古昔與今斯同蘇祿之君慕義嚮風携其室家暨其耄倪俛汎彼鯨波萬里而至拜舞婀娜列辞攄誠感恩效順特達聰明眷為賢哲錫賚是加金章赤紱開國成家秋風載塗浩然長驅神遊逍遥風馬雲車平原之閒佳城蒼蒼永固厥封千載之藏顯顯令聞垂於無極後之來者視此貞石上命留其妃妾及傔從十人守墓令畢三年還國遣使封其長子都麻含為蘇祿國東王

州知寗和蘇祿王墳詩曰花謝紅香颭曲溪藤枝保護小堂低春風細草埋翁仲夜雨空梁落燕泥萬里海天愁思迥百年蘇祿夢魂迷多情惟有芳林鳥不為凄凉依舊啼

十九年復來貢方物自後亦不常至間一來王云貢道由廣東其俗山淥田瘠閒種粟麥民食沙糊魚蝦螺蛤煮海為鹽釀蕉為酒織竹布為業氣候半熱男女短髮纏皂縵其山曰石崎（以此為倚障）其產竹布玳瑁珠（色可照而圓有至徑寸者）蕉其貢梅花腦米腦竹布綿玳瑁降香蘇木胡椒華茇黃臘番錫

麻剌

麻剌國前代無考本朝永樂中國主哇來頓本率其臣來朝至福州卒詔謚康靖

按當時之夷沒塟於中國者如浡泥蘇祿麻剌共三人焉非我朝德威遠被烏能使海外遐酋頃心殞身如此哉

勅瘞閩縣令有司歲時祭之　十三年又遣使獻麒麟禮部尚書
呂震奏麻林國進麒麟將至請於至日率群臣上表賀上曰往者
翰林院修五經四書性理大全書成欲上表進賀朕則許之麒麟
有無何所損益其已之儒臣金幼孜瑞應贊曰臣聞麒麟天下之
大瑞也帝王之德上及太清下及大寧中及萬靈則麒麟見又云
天不愛道地不愛寶人不愛其情則麒麟見又云王者德洞淪冥
化及群動則麒麟見是則麟之出必聖人在位當天下文明之日
固不可以幸而數致也欽惟聖天子嗣大歷服法天圖治勵精宵
旰致理萬機仁聲義聞洽於遠邇德教覃被民物和會四方萬國
靡不歸戴於是天鑒聖德景貺屢臻而十有七年之間諸福之物

紛員克牧史不絶書乃永樂甲午秋九月西南夷有曰榜葛剌國以麒麟貢明年乙未秋九月有曰麻林國以麒麟貢今年秋復有曰阿丹國以麒麟貢五六年間麒麟凡三至京師烜赫昭彰震耀中外誠千萬世之嘉遇而大平之上瑞也昔者黄帝道隆德聖盛麟僅出於囿周南雖托諸歌詠而來觀其真降及漢唐寥寥無聞今聖天子德協重華功高曠古學澤深仁涵浸無間而茲麟之祥屢見而不已蓋上天以是彰顯聖德為王化之大成誠宗社生民萬世無疆之慶也臣忝列禁林日覩嘉禎不勝榮幸用述為贊以傳之久遠謹拜手稽首以獻贊曰猗歟仁獸異狀奇形二儀眡暉玄枵降精龍顱聳拔肉角挺生紫色白理龜紋縱横其質濯濯其

儀彬彬有趾弗踶惟仁是遵有角弗觸惟義之循步中規矩音協韶鈞鈞生草不踐生物不殘四時乘化具鳴弗惡是名麒麟出應於天待時而至弗後弗先萬里來賓載邁載馳瑶光燭霄卿雲下垂重瞳屢顧衆扵以嬉大開明堂坐以納之於惟我皇法天圖治聲教流行東漸西被無幽弗燭無遠弗暨川匯雲奔稽首奉贄爰集大瑞後先駢臻何以致之惟皇之仁惟皇之仁洽於八埏極天際地罔不尊親惟皇謙恭弗自為聖匯物之珍惣於仁政惟皇奉天丕顯大命聖壽萬年四方之慶

按是年榜葛剌國獻麒麟禮部請上表賀上曰卿等但當夙夜竭心輔理以惠天下天下既安雖無麒麟不害為治其免賀又

陜西獻玄兔，曹縣獻騶虞，皆禁不賀。聖人不貴異物之盛德，猗歟休哉。

忽魯謨斯

忽魯謨斯在西南海中，東連大山，西傍海。國中土厚宜耕種，人質直狀貌偉碩，喜作佛事，常歌舞，惡殺。前代無考。自古里國十晝夜可至。其國傍海，地無草木，牛羊駝馬皆食海魚乾。本朝永樂初，遣使朝貢。七年，中官鄭和往賜其國，酋長感慕天恩，躬獻方物及駝雞。儒臣金幼孜作賦曰：永樂己亥秋八月旦吉，西南之國有以異禽來獻者，稽往牒而莫徵，考載籍而難辨。皇帝御奉天門，特以頌示群臣，莫不引領快觀，頓足駭愕，以為希世之罕聞，中國所未見。其為狀也駞首鳳喙鶴頸鳥聽蒼距矯攫修尾嵩崒雄姿逸態鷙武且力衡不踰咫高可八尺名曰駞雞生彼番國想其質胞火德體孕陽精目蒼碧而星耀頂凝紫而雲蒸蹟淩風以聳拔翼摩空而崢嶸冠峩峩以高矗聲膠膠而振騰豈羽毛之同族寔異狀而殊形感聖德之遠被將獻琛於天庭尔其分重譯辭海陬貯以雕籠載以長舟風馭指以前路川后導以安流鷗鵬相忝以廻翔精衛從之而夷猶駭天吳兮走列缺懾蒼螭兮奔素虬睎晨光於暘谷弄夕彩於瀛洲倏忽萬里達於九重濶步長趍氣淩大空性寔馴狎貌甚雍容昂首拂青雲鼓翼生長風山雞野雉不敢敵青鸞紫鳳同翺翔飡以玄圃之金粟飲以瑤池之瓊漿顧依托之得所

何遭遇之非常繫聖王之宵旰正圖治之未遑法勤勵於湯禹儆
至德於虞唐念司農之作勞奐警旦而弗忘敢耽翫於遠物有一
息之急荒惟雨暘之順序洎民物之阜昌暢至仁於六合躋四海
於壽康斯宸衷之拳切而聖心之所望臣目覩於盛美愧陳詞之
弗減頌聖壽於萬年同地久而天長自後不常至風俗頗淳壘石
為城首長深居練兵畜馬田瘠麥廣穀少民富饒山連五色皆是
塩也鑿之鏇為盤碟碗器之類食物就用而不加塩矣壘石為屋
有三四層者其廚廁臥室待客之所俱在上男子拳髮穿長衫善
弓矢騎射女子編髮四垂黃漆其頂出則布幔兜頭面用青紅紗
布以蔽之兩耳輪周掛絡索金錢數枚以青石磨水以水點眼眶

唇臉花紋以為美飾頂掛寶石珎珠珊瑚紉為纓絡臂腕腿足皆金銀鐲此富人也行使金銀錢產有珎珠寶石金珀龍涎香撒哈刺桜腹絨毯又產大馬西洋布獅子駝雞昂首高可七尺福祿似駝花紋可愛靈羊尾大者重二十餘斤行則以車載尾長角馬哈獸角長適身價用金銀青花磁器五色段絹木香胡椒之屬

佛郎機附

別有番國佛郎機者前代不通中國或云此喃浡利國之更名也古有狼徐鬼國分為二洲皆能食人爪哇之先鬼啖人肉佛郎機國與相對其人好食小兒然惟國主得食臣僚以下不能得也

其法以巨鑊煎水成沸湯以鐵籠盛小兒置之鑊上蒸之出汗

汗盡乃取出用鐵刷刷去苦皮其皃猶活乃殺而剖其腹去腸胃蒸食之

本朝正德十四年佛郎機大酋弑其國主遣必加丹末等三十人入貢請封有火者亞三本華人也從役彼國久至南京性頗黠慧時武宗南巡江彬用事導亞三謁上喜而留之隨至北京至入四夷館不行跪禮且詐稱滿剌加國使臣朝見欲位諸夷上主事梁焯執問杖之其船住廣州澳口布政使吳廷舉聞於朝尋檢無會典舊列不行遂退船東莞南頭蓋屋樹柵恃火銃以自固每發銃聲如雷潛出買十餘歲小兒食之每一兒予金錢百（船夷初至行使金錢後方覺之）廣之惡少掠小兒競趨之所食無筭居二三年兒被掠益衆適

回回人寫亦虎仙以貢献事誣陷甘肅文武大臣亞三與虎仙皆恃彬勢或馳馬於市或享大官之饌於刑部或從來輿[illegible]餕琛膳享於會同館或同僕臣卧起而大臣被誣者皆以桎梏幽囚意頗輕侮朝官焯每以法繩約之二夷人相謂曰天顏可即主事乃顧不可即耶彬聞之謂焯凌虐駕下人員將奏治適武宗晏駕皇太后懿旨誅彬又滿剌加王訴佛郎機奪國仇殺於是御史丘道隆何鰲言其悖逆稱雄逐其國王掠食小兒殘暴慘虐遺禍廣人漸不可長宜即驅逐出境所造垣屋盡行拆毀重加究治工匠及買賣人等坐以私通外夷之罪詔悉從之誅其首惡火者亞三等亦寫虎仙伏誅同命撫按檄備倭官軍逐餘黨醜類歸去海道憲師汪鋐率

兵至猶據險逆戰以銃擊敗我軍或獻計使善泅者鑿沉其舟乃悉擒之初佛郎機番船用挾板十丈濶三尺兩旁架櫓四十餘枝周圍置銃三十四個船底尖兩面平不畏風浪人立之處用板捍蔽不畏矢石每船二百人撑駕櫓多人衆雖無風可以疾走各銃舉發彈落如雨所向無敵號蜈蚣船其銃管用銅鑄造大者一千餘斤中者五百餘斤小者一百餘五十斤每銃一管用提銃四把大小量銃管以鐵為之銃彈内用鐵外用鉛大者八斤其火藥製法與中國異其銃一舉放遠可去百餘丈木石犯之皆碎有東莞縣白沙巡檢何儒前因委抽分曾到佛郎機船見有中國人楊三戴明等年久住在彼國備知造船鑄銃及製火藥之法鋐令何

儒密遣人到彼以賣酒米為由潛與楊三等通話諭令向化重加
賞賚彼遂樂從約定其夜何儒密駕小船接引到岸研審是實遂
令如式製造鋐舉兵驅逐亦用此銃取擄奪獲伊銃大小二十餘
管嘉靖二年鋐後為家宰奏稱佛郎機兇狠無狀惟恃此銃與此
船耳銃之猛烈自古兵器未有出其右者用之禦虜守城最為使
利請頒其式於各邊製造禦虜上從之至今邊上頗賴其用
月山叢談云佛郎機與爪哇國用銃形製俱同但佛郎機銃大
爪哇銃小耳國人用之甚精小可擊雀中國人用之稍不戒則
擊去數指或斷一掌一臂銃製須長若短則去不遠孔須圓滑
若有歪邪涉礙則彈發不正惟東莞造之與番製國餘造者往

往短而無用鋐入宰吏部值北虜吉囊入冦請頒佛郎機銃於北邊凡城鎮關檻皆用此以禦冦然鋐奏語頗煩兵部郎中吳縉見而笑之鋐怒黜知銅仁府或戲縉曰君被一佛郎機打倒銅仁府

仍詔佛郎機人不得進貢并禁各國海商亦不許通市由是番船皆不至競趨福建漳州兩廣公私匱乏　嘉靖中巡撫都御史林富上疏曰臣為巡撫之職莫先於為民興利而除害凡上有益於朝廷下有益於生人者利也上有損於朝廷下有損於生人者害也今以除害為民并一切之利禁絶之使軍國無所資且失遠人之心則廣東之廢市舶是也謹按皇明祖訓安南真臘暹羅占城

蘇門答剌西洋瓜哇彭亨百花三佛齊浡泥諸國俱許朝貢惟内帶行商多設譎詐則暫却之其後亦復通又大明會典内安南滿剌如(加)諸國來朝貢使(者)回俱令於廣東布政司管待所以送迎往來者實欲懋遷有無柔遠人而宣威德也正德間因佛郎機夷人至廣擴(獷)悍不道奏聞於朝行令驅逐出境自是安南滿剌加諸番舶有司盡行阻絕皆往福建漳州府海面地方私自行商於是利歸於閩而廣之市井皆肅然也夫佛郎機素不通中國驅而絕之宜也祖訓會典所載諸國素恭順與中國通者朝貢貿易盡阻絕之則是因噎而廢食也況市舶官吏公𢧐(設)於廣東者反不如漳州私通之無禁則國家成憲果安在哉[illegible]人[illegible]籌度中國之利鹽鐵為大

往短而無用鋐入寧吏部值北虜吉囊入寇請頒佛郎機銃於北邊凡城鎮關隘皆用此以禦寇然鋐奏語頗煩兵部郎中吳縉見而笑之鋐怒黜知銅仁府或戲縉曰君被一佛郎機打到銅仁府

仍詔佛郎機人不得進貢并禁各國海商亦不許通市由是番船皆不至競趨福建漳州兩廣公私匱之

嘉靖中巡撫都御史林富上疏曰臣為巡撫之職莫先於為民興利而除害凡上有益於朝廷下有益於生人者利也上有損於朝廷下有損於生人者害也今以除害為民并一切之利禁絕之使軍國無所資且失遠人之心則廣東之廢市舶是也謹按皇明祖訓安南真臘暹羅占城

蘇門答剌西洋爪哇彭亨百花三佛齊浡泥諸國俱許朝貢惟內帯行商多設譎詐則暫却之其後亦復通又大明會典內安南滿剌如諸國番舶有司盡行阻絶皆往福建漳州府海面地方私自行商於是利歸於閩而廣之市井皆肅然也夫佛郎機素不通中國驅而絶之宜也祖訓會典所載諸國素恭順與中國通者朝貢貿易盡阻絶之則是因噎而廢食也况市舶官吏公故於廣東者反不如漳州私通之無禁則國家成憲果安在哉以臣籌度中益國之利塩鐵為大有司取辦仡仡終歲僅充常額一有水旱勸民納粟猶懼不克舊規至廣番舶除貢物外抽解私貨俱有則例足供御用此其利之大者一也番貨抽分解京之外悉充軍餉今兩

廣用兵連年庫藏日耗藉此足以克羨而備不虞此其利之大者二也廣西一省全仰給於廣東今小有徵發即措辦不前雖折俸椒木久已缺乏科擾於民計所不免查得舊番舶通時公私饒給在庫番貨旬月可得銀兩數萬此其為利之大者三也貨物舊例有司擇其良者如價給直其次資民買賣故小民持一錢之貨即得握椒展轉貿易可以自肥廣東舊稱富庶良以此耳此其為利之大者四也助國給軍既有有賴焉而在官在民又無不給是因民之所利而利之者也非所謂開利孔而為民罪梯也議者若慮外夷闌境為害則臣又思之暹羅真臘爪哇等國皆洪武初入貢方物臣服至今渤泥諸國皆永樂中來朝沒齒感德者而占城則

成化間被篡絶繼蒙恩者焉南方蠻夷大抵寬柔乃其常性百餘年來未有敢為盜寇者見今番舶之至漳閩亦未聞其小有警動則是不敢肆侮為害亦章章明矣況久阻忽通又足以得其歡心乎請勅廣東福建海道憲臣及備倭都指揮於廣州洋澳要害諸處及東莞縣南頭等地督率官軍嚴加巡察凡番舶之來私自行商者盡皆逐去其有朝貢表文出於祖訓會典所載衆國審詢得真許往廣州洋澳駐歇其祖訓會典之所不載如佛郎機即驅出境敢有抗拒不服督發官軍擒捕而凡所謂喇哈番賊必誅權要之私通與小民之誘子女丁海者必重禁稍有蹤虞官軍必罪如此則不惟一方之利復興所謂王者無外之道亦在是庶我中國

懷柔有方公私兩便矣奏下從其言於是番舶復至廣州今市舶革去中官舶至澳遣各府佐縣正之有廉幹者往抽分貨物提舉司官吏亦無所預然雖禁通佛郎機往來其黨類更附諸番舶雜至為交易首領人皆高鼻白皙廣人能辨識之游魚洲快艇多掠小口往賣之所在悉少與市為駔儈者日繁有從甚至官軍貿客亦與交通云

按象人而用孔子惡之況買人食之乎甚哉虎狼之不若也佛郎機所以不載於前世諸書者固因其荒僻而式畧亦疾其不仁而痛絕耳今附錄之凡以為後事之鑒也又自永樂改元遣使四出招諭海番貢獻畢至奇貨重寶前代所希充溢庫市貧

民承令博買或多致富而國用亦羨裕矣議者多謂廣東福建
浙江海濱貢道之審皆建市舶提舉司廣東因佛郎機之擾於
時番舶暫行禁止迨後林富請禁即復通而近日召倭奴叛寇
王直亦以互市要國家當事諸公或可或否迄無定議是不然
廣東所至賈胡皆安南以下屬夷非侵犯中國者有利而無害
故可受之與通互市浙江所至賈胡僅倭奴一種部落耳民之
讐而國之賊有害無利者宜援祖訓為例絕不與通以佛郎機
之人行之是矣天貢朝且不可許况可容其互市耶別聞前代
波斯國賈胡能識寶氣史冊多載本朝獨不見通貢豈其地并
於他國以至絕滅無聞耶不然何使跡之寥寥也　別志載波

斯人來閩相古墓有寶氣乃謁墓鄰以錢數萬市之墓鄰諱不與波斯曰汝無庸爾也此墓已無主五百年矣墓鄰始受錢波斯發墓見櫂棺衾朧肉潰盡惟心堅如石鋸開觀之有桂佳山水青碧如畫傍有一女靚妝凭欄凝睇蓋此女有愛山水癖朝夕玩望吐吞清氣故能融結如此此固志一動氣理或有之而波斯乃能識之於未形之前此類甚多畧舉以見

雲南百夷　附

雲南百夷乃徼外荒僻之部落也初戰國時莊蹻王滇池漢武帝開益州治滇池即今雲南諸郡地諸葛亮定南中四郡亦在此然未嘗涉其境唐宋為蒙氏段氏所據至元始以雲南等路如內地

設官而其土酋所轄不可以漢法治則仍其舊俗覊縻之近西南海上如麓川緬甸東里八百媳婦等地（其先土酋有妻八百各領一寨故曰名）統謂之百夷本朝洪武十四年命潁川侯傅友德永昌侯藍玉西平侯沐英率兵討雲南悉平分兵四出取諸蠻寨未服由是車里平緬等處相率降諸夷悉平遣使勅勞征南將軍傅友德等曰卿等提兵深入振揚國威擒首帥於曲靖之西敗烏蠻於河波之北席卷長驅掃金馬碧雞而撫金沙至於金齒不戰而服撒定百蠻威加八譯將軍之勞至矣欲勞以罇酒遠不能及特以朕心勞之勛之哉於是百夷皆請附以次入貢因而受職令其地為府者二曰孟定曰孟艮為州者四曰鎮康曰灣甸曰大侯曰威遠宜慰司六曰

車里曰木邦曰孟養曰緬甸曰八百大甸曰老撾宣撫司三曰南甸曰干崖曰隴川舊爲麓川平緬長官司二曰鈕兀曰芒市多有自古不通中國者其內老撾最遠西北至布政司三十八程凡諸聚落至布政司無里数但以程計而已

二十一年麓川復反舉衆號三十萬寇楚雄至定遠勢甚張沐英自將精銳往討之旬餘抵賊營遣都督馮誠以輕騎三百挑之賊驅萬衆來二十象來戰誠一鼓敗之殺賊數百人惑獲一象而還英喜曰吾知賊不足破也下令曰破賊之術宜多置大礮及神機箭銃分將士作三行象近則前行之礮箭俱發象不退則第二行繼之第三行復繼之使銃礮不絕象必驚走大軍乘之破賊必矣明旦賊悉驅百象來戰象皆

被甲負戰樓若欄楯然英申令諸將曰今日之事有進無退進而捷者一級必賞退而衄者全隊悉戮於是將士鼓勇而進陣文前軍火箭銃砲連發星流雷擊山谷震動象皆驚奔冦之勇而力者曰昔剌亦殊死戰左帥小郤英登高望之命左右取師之首來左帥遙見一人拔刀飛騎而下麾衆復前三軍大呼殺入不移時斬首三萬餘級俘賊衆萬人生獲四十七象餘黨走死山谷中英奏捷還師所過城邑百姓爭持牛酒迎勞之自是諸蠻懾服歲入貢已而賊部曲請普安孟定龍海曲麻馬乃等處夷酋數叛傅友德率兵討定之脇從者悉諭歸業　二十八年越州夷龍海子阿資擾龍窩叛朝廷命諸將征之師無功自後無敢議伐者西平侯沐

春（英之子襲鎮雲南、）請討之衆以為難春曰歷歲不獲此冦者彼恃其地多險阻且各處土酋皆姻婭得以匿之今悉調土酋從征仍設謀羈絆叛俾不能通多置營堡相犄角制其出入授者必矣乃進兵至赤窩果獲阿資梟其首以徇百夷震恐　先是上遣福建右參政正鈍持節撫諭麓川平緬宣慰司贈遺金貝固郤不受或勸曰不受固善恐重人懷疑生變不若受之乃受而悉以輸雲南布政司庫中（鈍故元進士後陞浙江布政、）二十九年麓川土官思倫發以兵侵緬甸緬甸遣使訴於朝上遣行人李思聰錢古訓持詔往諭緬甸講和緬人既聽命遂持詔諭思倫發詔曰道里遠險山川阻脩風俗殊異此乃天造地設也爾能勤使者陟險遠越隣邦衝烟突霧晨進

旨止載風霜而至中夏可謂難矣古人云誠信君子將有事於遠
雖千里之外神交而自通今萬里之外爾能勤使遠脩其好美絕
古今然排難解紛之事朕之旨意恨不即一言而止使彼此各罷
兵守業黎民於變也兩國之民居處各分雖存關市之譏是其利
也其或忿爭不已天將昭臨福善禍淫遲速可待勅至爾其審之
思倫發聞詔恐懼俯伏謝罪願罷兵思聽古訓二人畢事將還適
其部屬刀幹孟叛思倫發二人使宜諭以朝廷威德叛者退思倫
發欲倚二人服其下強留之以象馬金寶為饋二人為書諭却之
曰中國不以象馬金玉為寶所寶者忠臣烈士強兵勇將與孝子
順孫耳宜送使者還朝不復侵擾鄰境則可明爾畏敬君上之心

馬思倫發大喜邀二人設餞為樂率其部屬送出境二人還具奏其事并獻其所着百夷傳傳中凡山川土俗人物風氣悉備上覽之大悦以其奉使稱職各賜襲衣　三十年刀幹孟逐思倫發據其境思倫發奔至京師上憫之命西平侯沐春左軍都督何福徐凱率雲南四川諸衛軍往討之且諭思倫發曰爾遠離鄉土經涉歲月不能無懷土之思強臣為亂勢不自保奔走至此欲謀還國非將勇兵強不可得也朕今送爾至雲南與西平侯且駐怒江上先遣爾平日心腹之人至國中諭爾還之意以觀國中之向背立衛騰衛以觀其勢若威遠遠幹已附朝廷他郡亦皆聽命則刀幹孟逆逆之威日消腹心之臣效順者多爾歸國之期可數日而待

矣若輕易而進吾恐刁幹孟之勢方盛國人腹心莫與為敵則爾之疆土終非爾有也既而遣思倫發還麓川勅諭之曰古語有云民之所好好之民之所惡惡之此之謂民之父母蓋人心之所在即天理之所在善治民者必求夫民情焉今爾思倫發長有平緬一方而與民心好惡不同故為下人之所不容而歸於我朕思爾父祖世澤民故推之今一旦失民之心背國之俗棄墳墓離親戚而來久而不歸則境土非有矣然是非不可不明天討不可不正已遣將問罪刁幹孟故命爾還舊邦賜黃金百兩白金百五十兩鈔五百錠以遣之

又勅西平侯沐春曰思倫發窮而歸我當以兵送還其土若至雲南且日令止怒江遣人往諭刁幹孟毋不已必

歸爾主如其不從則聲其罪以討之是時刁幹孟既逐思倫發懼
朝廷致討乃先遣人至西平侯沐春所入貢言先曾遣使進方物
永〔未〕受土官職事爲大甸刀的弄阻於途弗克上聞願爲達奏春許
之後思倫發入國刁幹孟同別爲上官以治　建文二年八百媳
婦國入貢老撾亦貢永樂初麓川緬甸忿爭作亂雲南按察僉事
周彥奇名正吉水人初爲訓導聞之匹馬深入宣布國威皆俛首解去緬人
遣使入貢
金幼孜緬人入貢應制詩曰聖主龍飛開泰運殊方效貢慶昌
辰九天宮闕風雲會一統山河雨露新重驛來誇來白雉在郊
先喜集祥麟幸逢四海爲家日願祝皇圖億萬春

初其地止設五宣慰司車里、木邦、孟養、緬甸、八百大甸及孟定、南甸、芒市三府。後白檛家[illegible]生夷酋倫方物入貢，置老檛宣慰四司。四年，孟指生夷酋來附，詔置孟艮府以為守，乃遣中使楊瑄與雲南千戶孟景賢賫詔往諭百夷諸生部落。於是大古剌、小古剌及其鄰境諸番曰底馬撒、曰茶山、曰底板、曰孟倫、曰八家搭等處皆遣人隨中使進貢方物，且言諸部落皆在西南極邊，自昔未通中國，願內屬，乞設官統理之。詔置宣慰司二、長官司五，遣官賫誥印勅符往賜之。一統志會與俱不載，蓋以其遠小之極，不能復通貢。老檛軍民宣慰使刀緣多遣使護前安南王孫陳天平來朝，奏曰：臣天平，前安南王恒之孫、天明之子、日煃弟也。日煃恭遇天朝，率先歸順，太祖高皇帝封為安南王，賜之章印主位二年而卒其弟𢇁立亦止二年子晚繼之賊臣黎季犛當國擅作威福晚稍欲抑損季犛弑之而立晚之子顒國之大權盡出季犛與其子蒼左右前後皆其逆黨顒惟拱手而已未幾復弑顒而立顒子窔蒙然幼稚尚在襁褓季犛父子乃大弑陳氏宗族并篡弑之而取其位更姓名胡一元子曰胡奎為大虞皇帝臣以先被棄作越在外方季犛父子志圖篡奪臣幸以遠外見遺臣之僚佐激於忠義推臣為主以討賊復讐方議招軍而賊兵見迫倉皇出走左右散亡逆黨窮追遺兵四索臣竄伏窮荒採拾自給饑餓困阨萬死一生久之度其勢且少息稍稍間行艱難跋踄以達老撾然時老撾多事不暇顧臣瞻望朝廷遠隔萬里無所控告屢欲自

十五六

絶苟且圖存延引歲月忽讀詔書知皇上入正大統率由舊章臣心忻忭有所依歸又以抱疾積久至於今年始獲躬覲天顏伏念先臣受命太皇[祖]高皇帝世守安南恭修職貢豈謂此賊造逆滔天悖慢聖明蔑棄禮法累行弒逆遂成簒奪陳氏宗屬橫被殲夷所存者惟臣而已臣與此賊不共戴天伏望聖恩俯垂矜憫因叩頭流涕又言賊臣黎季犛已老詭謀逆計多出黎蒼攻劫占城欲使臣屬又侵掠思明府奪其土地寬[冦]其本心實欲抗衡上國暴征橫斂酷法嚴刑百姓愁怨如蹈水火臣之祖宗世尚寬厚今國人嗷嗷頗見思憶陛下德配天地仁育四海一物所失心有未安伐罪吊民興滅繼絶此遠臣之望臣之大願也上憐而納之命有司賜

居第月給其塵（詳具安南傳中，其陳氏相繼名次，此與本傳所載稍異，故錄以俟考。）九年，車里土官刀暹答侵威遠州地，虜其知州以歸。西平侯沐晟請發兵討之。（晟，英之次子，春卒，晟替襲。）上以兵易動難安，命遣人往諭刀暹答。悔懼，還所虜知州及威遠州地，入貢方物謝罪。

十二年，降南甸府為州。

宣德七年，也兀生夷酋來附，詔置鈕兀長官司。八百大甸土官刁之雅入貢方物，訴波勒蠻常以兵來殺人掠償，請發兵討之。

廷議以八百去雲南五千餘里，波勒又未嘗歸化，豈能勞中國之人為之遠役？且夷性獷悍，必兩有未善者。乃降勅諭令惇睦鄰好，保境衛民。

正統三年，麓川宣慰思任發作乱，侵掠騰衝、南甸等處。四年，朝廷遣刑部主事楊寧往諭，不從命。黔國公沐晟討之，晟遣都督方政與其弟昂等以偏師先進自繼其後政夜渡江襲賊營乘勝獨進遇伏與戰而死晟旋師至楚雄瘴卒子斌襲封是時中官王振方用事欲收胡權主議滅麓川兵部尚書王驥阿其意請復征之

六年命定西伯蔣貴為征夷將軍總兵驥任督軍務以中官吉祥監其軍大發兵十五萬轉餉半天下征之驥奏舉廷臣隨軍贊畫太僕少卿李蕢郎中侯璡楊寧主事蔣琳等皆在行陛辭賜貴等金兜鍪細鎧弓矢蟒龍緋衣

侍讀劉球上言帝王馭夷狄不窮兵於小敵以傷生靈惟防患於大寇以安中國今北虜脫歡也先父子併吞諸部深謀入寇而思任發依阻山谷悔過乞降議者乃釋豺狼攻犬豕舍門庭之近圖邊徼之遠非計之得也

臣愚以為麓川僻陋滅之不為武釋之不為怯至於西北諸邊宜
謹烽堠修墩堡選將帥練士卒豐粮餉備器械庶為有備無患王
振不從貴等至雲南分兵三道徑抵上江一曰檳榔江賊砦所在
也會大風驥命縱火焚其柵因督衆力戰敗之驥麾兵深入破連
環七砦於沙木籠山又破象陣於馬鞍山陰賊死者十餘萬王驥
班師還京論功封蔣貴定西侯驥靖遠伯陞郎中侯璡為禮部右
侍郎楊寧為刑部右侍郎餘各陞賞有差　時思任發奔緬甸未
幾復出為寇驥貴乃再督師往雲南檄緬甸令縛送思任發緬人
懷詐慝思任發不遣廷議請益兵群臣皆不敢言侍講劉球又上
疏曰臣聞王者之師不逞忿於一快必盡勝於萬全所以無敗事

而有成功今者中外大臣請益兵十二萬屯於雲南邊境俟思任發來降乃罷否則進兵臣竊以為是則徒欲逞忿而非萬全之慮也向者大兵兩蹴寇境皆不得大逞而還者蓋以其地僻遠阻山跨谷道塗險塞又有瘴毒之患馬中土之士被甲持杖負粮荷芻越數千里而至彼飲食不充勞困不堪水土不習疾病存生又驟與敵遇故未及交鋒而剛猛敢鬪之氣十已消其七八兼將帥行師失律所以無功誠非兵少所致也今雖益兵然欲分道以進則山廣而援不接併力以攻則地隘而衆莫容皆兵法所忌者況寇以逸待勞窺測我形勢得便則出抗官軍失利則遁入谿谷豈不坐老我師哉若但宿兵境上以待其降尤為不可語曰單旅之後

必有由年謂以其愁若之氣傷陰陽之和必致水旱蟲蝗之災其為患也如此況可輕動以嘗之乎若暴露十二萬之衆於萬里之外而冀小醜之降是輕動以(兵)嘗寇也又兵法曰千里餽粮士有饑色是言粮餉不可不預備也今致雲南之米於金齒每石須費數(數)石然猶民苦運輸軍多缺食若復益兵則運愈苦而食愈缺安保士之無饑色耶(耶)臣謂徒欲逞忿(而)屈非萬全之慮臣聞春秋之法不治夷狄三王之道不用中國以事外夷故漢文棄尉佗寇邊之怨先帝亦釋黎利叛逆之罪率用是道臣竊以為麓川本島言獸心之夷雖不來歸非國之恥何足與較勝負哉置之度外不為失也必欲懲之宜思一決之忿務圖萬全之策選用良將輔以能幹文

吏舉行趙充國屯田以降叛羌故事因雲南見在之衆或益以附近兵萬餘分屯緣邊地厚其粮賞給以農用之物務使兵民相安以耕以守仍通好於木邦車里諸夷以爲外援俟寇出没徐加剿壤倘其服辜則以禮納或不悛俟三二年後粮積有餘士卒熟其嚮道別議大舉仍詔雲南郡縣及各土官使明知聖意欲暫息兵休民將圖後効是雖不能速於成功亦必不致敗事不從既而進兵攻緬甸破之思任發遁俘其妻子以還加驥貴歲祿各三百石

按劉球上言十事時錦衣指揮彭德清球鄉人也往來王振門下用事公卿率遏謁而球獨不爲禮德清啣之乃激振曰劉球疏中總乾綱使不下移暗指公也振大怒曰必殺之球又以災

異上疏中謂大常不可用道士宜以進士處之至是編脩董璘自陳願為太常少卿振因誣球與璘同謀故先以言為鄰璘地并逮球下獄即令其黨錦衣衛指揮馬順以計殺球一日五更順擕一小校推獄門入球與董璘同卧小校前持球球知有變大呼曰太祖太宗之靈在天汝何得擅殺我小校持刀斷球頸流血被體屹立不動順舉足踢倒曰如此無禮遂支解之裹以蒲包埋衛後空地董璘從旁匿球血裙數日密歸球家家人始知球死乃以血裙為襯歸塟小校靈氏人與耿九疇為鄉隣九疇素愛其年少俊美因與往來後久不至甚訝之一日來九疇視其貌黃瘠不類惜之曰汝無有疾乎狀貌頓異如此小校吐

實且曰馬順將舉事之日密諸吾今夜有事汝當早來至期令懷刀相隨迫於勢敢不行比聞劉公忠臣吾儕小人無故作逆天事吾殆死有餘罪矣特來別公且謝誤愛耳因哭悔(恨)不已未幾果死馬順子亦發狂疾代球數順罪似為球所憑云球二子長鈇次釪皆好學通書(春)秋痛父死於非命皆杜門家居養母絕意仕進及王振馬順死球被褒贈為翰林學士謚忠愍時刑部侍郎楊寧巡撫江西召二子慰勉之曰先公志識(議)顯白子可以出而仕矣乃出應舉釪即舉是秋試第一尋與兄鈇先後登進士鈇仕至參政釪選翰林庶吉士改御史陞浙江提學刑(副)使雲南按察使嗣世子孫科第相乃(仍)愚謂天報志(忠)直固其胤嗣之多

賢而原球之所以取禍實由於止討任發之二疏也故詳錄之

如此

八年陞南甸州為宣撫司　九年陞干崖長官司為宣慰司降芒施府為芒市長官司　十三年思任發子思機發思卜發據孟養山砦為患上復命王驥總兵都督宮聚總副兵張凱田禮調土漢夷兵十三萬征往之抵金沙江賊柵西岸以拒我師驥作浮橋渡兵破之賊斂眾據鬼哭山芒崖山等砦皆攻拔之斬獲無筭二孽竟失所在疑死於乱兵大軍踰孟養至孟那等處而還孟養去麓川千餘里諸酋皆震怖相謂曰自古漢人無渡金沙江者今大軍渡此真天威也

按清宛志載田禮字思敬田藹人廕父欽保定中衛指揮僉事幼有大志既長以名節自期練達老成諳曉兵法同王驥討孟養生擒其子思機發則思機發又是被擒者此言死於乱兵何也

先是候璡以征思任發功陞兵部侍郎鎮守雲南時貴州鐵苗叛攻圍新添平越諸衛道梗弗通城中食且盡命璡督諸軍往征之璡自雲南選善射者為前鋒自將趨貴州副兵田禮等以兵來會七克龍里甕城羊腸諸寨新添平越清平都勻諸圍俱解上嘉其功遂遷尚書又進克安莊西堡長官司時暑雨方盛疫癘大作璡得疾舁歸普定卒時麓川之役盡調雲南貴州兵以行連兵十年

陛辭萬數而夷酋終逋將士多死大軍未班列衛空虛苗獠乘間
竊發王驥與宮聚張軏等還自麓川即命征苗聚軏皆失利惟驥
擒其酋虫富檻送京師然苗勢愈熾驥亦不定能奏言久土南裔
身染瘴毒乞還驥與軏等先後擁歸師所至人遮泣陳苗獠之害
皆曰吾征麓冦不受命殺苗也去之苗前截後殪我軍無復紀律
死亡數萬軏等僅以身免諸城被圍歲餘乃解
按自王振盜權逞忿王驥阿意興師三窮賊巢殺無辜民十萬
於是苗獠乘虛倡於貴州張軏敗走而東路閉關矣鄧茂七起
於福建葉宗留起於處州陳韶敗死而東南騷動矣兵連禍結
致有統幕師潰之變驥之罪大哉卒中劉球捨近圖遠之料此

再低一格

興唐天寶之盛用師南詔而忽范陽何以異乎識者言此舉乃世
代盛衰之一機詎不信夫
先是麓川破革宣慰司以其地散屬隣部十一年詔建隴川宣撫
司於隴把　成化初上遣霑益州知州桂經往八百媳婦國市阿
魏

按桂經池州人自少以忠孝自負由應例授滇閩都事奉命疆
理邊徼盡復侵地功陞霑益州知州充正使如八百媳婦國已
而經以誣革職奏辨準知州仕致後值土舍安賊反所司擇經
往諭招撫緬哨牧羊營賊兵突至死之當道覔尸資送還鄉賊
平上功命錄其子未果應

此行以下底一格

雲南思疊土酋糾百夷梗化守臣上議請討倪岳疏謂今中外民疲財盡災異屢見何以用兵廷議又欲遣京朝官往諭岳曰用兵之法不足示之有餘今得無示弱於天下乎使思疊聞之必輕中國且京朝官諭之不從則策窮矣不若姑遣藩臣有威望者以往彼當無不服不服則再議用兵未晚也於是從之思疊聽命

十三年雲南鎮守太監遣人往百夷求得黃鸚鵡邀巡撫雲南都御史王恕進獻恕疏曰太監錢能令指揮熊誌將黃袱苫蓋黃鸚歌一隻送臣進貢臣因思去年大學士商輅奏蒙准却貢献今却令臣進貢前禽誠恐近日別有勅旨轉行能查理能輒稱不容鎮守行文都布按三司將為中臣之地雖朝廷明見萬里必不為其所

惑臣不得不明言之能至雲南遞年差官盧安等前去外夷孟密
等處求索金寶禽鳥等物擾害夷人致指揮郭景投井身死臣聞
漢時鼠巢於樹野鵲變色識者以為不祥鸜鵒歌太綠羽而今黃豈
非變色類耶能何取於此故違詔旨遠取徼外而必欲進乎雲南
近來貢獻少息人心稍安若容進此物弊端復開伏望痛却錢能
此貢仍進通行各處玩好物件一切禁止天下幸甚上嘉納之王
恕又跪奏近該臣等題為外夷脫面回中華軍丁蒙差邢部郎中鍾
蕃錦衣百戶宋鑑前來行勘提取盧安等到官鞫問間忽百戶汪
清齎捧駕帖與鍾蕃等臣切疑之臣聞駕帖下各衙門則用司禮
監印信該科掛號皇城各門俱打照出關防皆所以禁詐偽也今

齎來駕帖既無該監印信該科字號又無各門關防況錢能等交通外國攪擾夷方之事兵部奏行臣與御史甄希賢會門而木邦等處節有緬書告訴臣不得不從實上聞其罪彼與否朝廷自有
祖宗法度在臣豈敢有一毫重輕於其間哉上下所司究之
金文靖公黃鸚鵡賦曰緊羽毛之為類紛總總其莫量何鸚鵡之獨異稟姿態之非常既弗白以弗綠亦匪玄而匪蒼秉純黃之正色乃毓德於中英戊己儲精坤元孕洪肌一色以裁柘體渾全而染菊迩其身遊南詔迹遠隴西暎日光絢含風翅低鄣昂藏之文鵠陋晛睆之黃鸝誓永托於遐壤甘獨處而弗殺何遠聞於守將遂遠辭於山靈馳萬里以遠涉瞻九重而獨登接

此則永樂中會有是禽之貢豈百夷土產常有不爲難得耶
嘉靖初芒部弗靖百夷亦蠢動貴州巡撫楊一漢疏曰照得土官衙門俱世受國恩承襲官爵各隨土俗結爲婚姻故有貴州土官而佶親雲南者亦有廣西土官而佶親貴州者但其間輒因親戚遂成釁比各借兵讐殺以爲當然如芒部爭官則借兵於烏撒凱里相戰則借兵於水西蒙政殺子則借兵於南丹今會同巡按貴州御史劉廷簠議得朝廷之法不可不嚴不嚴則人無所懲土官善惡不可不以知不知則人無所畏今土官恩襲既皆出於朝廷而立官善惡又得考於撫按借兵之初不能防其微而讐殺之後可得以紀其罪乞勅通行天下土官衙門各宜遵守法度再不得

借兵讐殺議行之後有再犯者許令撫按衙門糾過土官以註其
罪若頭目寨長營長私借兵與人者聞擬死罪土官問擬鈐束不
嚴各撫按衙門仍造冊送部以備查考凡土官終身之日子孫告
替赴部者若查冊內有借讐殺者即行停襲以為衆戒若因借兵
讐殺致成大患者撫按官臨時議奏另行如此庶王法得行土官
知畏而邊患或息矣上從之初雲南永昌軍民府知府嚴時泰奏
稱騰衝地方土官不職其為民患要將騰衝司仍舊開立州知治
及要將知州判吏目等官銓選鄰邦可用之人或推陞本省見任
之職上從其言以騰衝司立為騰越州屬永昌軍民府管轄至是
騰衝軍民指揮使司委官千戶曹府輔賫捧紅牌底簿勘合前往

付緬甸宣慰司彼近西（即孟養宣慰司也）久反賊種思凱攻殺緬甸奪
去戞賽等二十四處地方又與木邦宣慰司糾合將隴川衙門殺
搶一空（木邦宣慰名罕烈）木邦又統兵前往孟璉（長官司也）讐殺（孟璉長官司土舍名𠢎派）
蘭緬甸乃差通事蔣鵬往隨曹輔至雲南近緬書於黔國公處告
稱正統年間麓川反賊思任發殺搶騰衝金齒地方我祖公那雅
補氏郎及孟密安撫司祖公思歪法同王尚書領兵赶過近西金沙
江去將思任發殺取首級思機發解京處死今被賊種思凱挾恨
前讐調領夷兵象馬渡金沙江攻殺緬甸我宣慰父子奔往孟密
安撫司地方有安撫思真領眾頭目護送回還又被近西反賊糾
同木邦將我宣慰正身殺死虜其子去為奴印信勅書紅牌金字

勘合底簿殺搶一空等情又孟密安撫司（安撫名思真）亦逓緬書告稱我係是有功思丕法孫今被本邦宣慰罕烈及逓西及賊讐害緬甸要壞我宣撫司地方逓西直下麓川原祖下營處坐等情又本邦宣慰罕烈差陶猛（陶猛如中國巡檢之稱）賫文觧送差發銀四百五十兩進貢牙象二隻象牙八根上綿孔雀尾三扛并送緬書內稱我祖罕落法襲做宣慰司官行有孟密思真不時調軍殺害將孟乃等二十七處并隴干十十三處地方占食不肯遵諭吐出等情又隴川宣撫司奏稱土舍多鯨謀奪伊兄官職招致本邦罕烈賛成都謀擅行攻伐將土舍多鯉隴川人民殺虜并將衙門印信勅書燬奪官倉米谷為其盜掠殆盡應襲舊罕遭其猛滅無辜等情黔公國

沐紹勛見各夷互佩上疏曰查得弘治十二年孟養思六侵奪蛮莫等處占據不退乃備象馬方物進貢兵部議照孟養思六奪占孟密地方不聽撫退却備方物進貢宜乎因此阻留責令退地等因題准阻回外今孟養與木邦交通殺害緬甸故孟蜜來告今木邦罕烈又告被孟密殺奪尚無休息若非撫勘終涉不明照得孟養緬甸木邦孟密之地係為極邊瘴毒之鄉一或交兵必至屢年之久今緬甸孟密互相侵奪請司會議必於撫勘明白然後施行一面宣布朝廷恩威殺伐利害會給大字榜文撫諭孟養等夷酋宜速改過自新將殺虜諸夷之人財占奪諸夷之地方照數還一吐退賠償一面行仰雲南都布按三司掌印并該道守巡兵備

等官將木邦進貢暫且阻畱以聽處嚴行各夷附近大小土官衙門整束兵粮各守緊關隘口預為堤備仍嚴督委官知府嚴時泰等從長撫勘查處明白另行奏請定奪上乃賜勅沐紹勛曰該部議稱孟養緬甸木邦孟密之地最為極邊爭忿讐殺變詐無常且孟養遠交木邦緬甸依庇孟密事必有由詭亦難測今緬甸既告被孟養之殺害而木邦又告被孟密之侵奪必須從長議處等因勅爾等須公同計議選委都布按三司廉能都指揮守巡兵備等官督原委人員親詣適中地方撫拘孟養罕烈等官并猛事頭目人役諭以朝廷恩威殺伐利害務在多方開悟令其改過自新果有奪占地土虜掠人財俱令吐退賠償各歸其主撫諭之後各

保疆土毋相侵犯果能去逆效順方許進貢如或執迷生拗不聽撫處嚴行附近大小土官衙門整搠兵粮固守隘口聽調征勦仍公同議處停當具馳奏來定奪不許縱惡長姦釀成邊患亦不許邀功生事妄啓兵端爾其欽承之故勅沐紹勛乃集鎮守太監杜唐前巡撫沈教議定行委永昌知府嚴時泰雲南後衛指揮馮鳴鳳於干崖宣撫刀怕落等往孟養大理通判周浩楚雄衛指揮張淮往木邦及隴川永昌通判殷相永昌衛指揮樊泰等往孟密各撫拘土官等并通事頭目人役到官勘處初孟養思倫與木邦罕烈結親相倚思倫以思真先年掘穵木邦祖宗坟墓欲與報讐乃令陶猛怕歡攻殺思真又糾木邦攻殺緬甸緬甸應襲土舍莽啓歲

23

幼弱思倫乃搶奪印信金牌與猛别名纂土舍莽卜信管理占奪阿瓦等處地方至是嚴時泰等至孟養勘撫思倫自願忠順朝廷倫納贖罪土銀一千兩并象二隻大小象牙二十根時泰納之思倫令莽卜信將印信并景泰弘治元年金牌信符交出驗收時泰追要各年金牌底簿勘合回稱混失燒毀無存思倫又將莽啓歲應送出聽候安撫莽啓歲仍要争管印信地方時奉布寄得莽啓歲應襲緬甸官職俎本舍年幼孱弱無以自立若將本司印信與伊掌嘗恐遭謀害以此有碍安插

初孟定土知府刁門幹以有從征麓川之功償與孟定府地受管食傳至其孫土舍罕忽被罕烈攻奪去投孟密思真罕忽罕柯之子思真盖強將木邦蛮莫十三處地方占奪至是殷相等至孟密蛮勘撫思真將孟定投任罕忽費出聽候安

~~插~~插願退蛮莫十三處地順從開設衙門又有猛乃等處地原係
罕烈所管後因罕烈調各陶猛不~~欲~~從欲謀殺害陶猛別閣等亦將
地投住孟密今思真亦願還（退）罕烈相等議賠蛮莫十三處地方係
各夷酋歷年讎殺爭競之地蛮莫地方亦寬係通迤西孟養之襟喉
其夷民棲住各約五六千家者有之或三四千家者有之欲~~議~~議令
孟密原管前地每歲加徵差發銀一千兩則孟養木邦亦願輸納
彼此不忿欲照弘治十五年事例令騰衝司選撥官軍戍守三年
一換彼時軍士患瘴亦似不便後奉勘合將蛮莫議還木邦官軍
掣回仍被孟密侵占迄今三十餘年爭奪不已亦不盡善合無出
榜省諭金齒衛騰等處流寓漢民招募五百者授以試百夫長一

千名者授以實授自天長二千名授以副千夫長三千名授以千(正)夫長就於蠻莫猛毋二處設立一衙門請名鑄印就令正千夫長掌管若係孟養木邦孟密三處夷人者(省)令各回木土

初隴川宣撫妻姜氏妾劉氏姜氏生多鯉應龔又生女嫁木邦罕烈為妻劉氏生多鯨鯨謀奪鯉職令劉氏將印信先匿多鯨向劉氏逼取印信不與殺之木邦罕烈為妻母與鯨報讎攻殺多鯉及伊母姜氏燒毀倉粮一萬九千石又搶去勅書金牌付多鯨管理其下通把人等不服赴撫按告保多鯨(鯉)之子多舊罕為主并推祖母放氏協管地方罕烈忿恨領兵又將多舊罕放氏等殺害有巡撿姜誠姜氏之也兄具奏命官撫理追取印信多鯨不從又將姜誠殺死奪其原

管地方與多鯨占住罕烈又往殺奪孟璉刀派蘭地撫按追將緬甸印信行委金齒司千户潘昂騰衝司指揮劉嵩接管至是周昆等并行勘撫罕烈乃將象二枝隻牙六根牛六十隻金銀壺臺盞各二副贖殺隴川之罪倉粮着多鯨賠（陪）償又將象二隻金銀壺臺盞各二副贖殺孟璉之罪昆等又責令多鯨將所占姜誠原地退還誠子姜華管食又多鯉有弟名多鱖有子多參昆等又令多鯨將占食多參原管地方退還多參及查多參果否多鯉親子可立為後多參乃聽多鱖之謀避居痛定地方不肯出見而罷昆等乃議稱隴川宣慰（撫）司衙門新設在地名夏隴土城其舊基尚存平川甚州（是）廣闊西南相接孟密東南相接木邦東相接芒市西北相接

南甸實為緊關要地因被木邦殘破止存空城相應建設一守禦千戶所控制多鯨罕烈捍衛多鱖多參但本地方煙瘴甚大春冬軍民稍可存住夏秋酷熱難以棲止查得指揮劉嵩在彼署印年久合無就令本官不避煙瘴督率原撥防守旗軍七十四名餘丁二十六名共一百名移入憂隴舊城住劄各軍應該月粮口粮照舊關支空閑田地自行種食一面省令多鱖多參等先差手下陶猛前來招集夷民以夷治夷庶可安妥

按孟養諸事情皆據勘官至彼土酋自陳其讐爭之田及輸服之態如此其間各執一說多係飾罪之辭未必盡為得實也

既而嚴時泰周昆殷相等將勘過事情遠省回報於是分守參政

王汝舟分巡副使唐冑兵備僉事郭欽都指揮胡章等會議得各
酋讐殺等情委官勘報俱各詳悉雖非兩造其備之聽亦非一已
臆度之言中間事出中真實者皆有因由詞不輸服者俱難窮究
況頑夷同於禽獸吞噬不足深責惟多鯨弒母殺兄情惡顯着乞
行議處多參避居痛定勢難安插合候再圖罕烈思倫知罪納贖
似應曲宥用慰夷心及議得蠻莫十三處地方內蠻莫猛毋水路
通會地土寬廣乃諸夷必爭之地原隸木邦管轄後孟密占據曾
撫令退出差委百戶丘成等督軍戍守甫及二年續奉勘合仍歸
木邦罕烈力不能守借助迤西因起孟密之事遂延數年之禍今
既退還官相應從宜計處添撥官軍防守既該委官般相回稱不

便惟有招軍一事殷相等報稱可行合無於蠻莫猛母二處各設一衛門請名鑄印分管附近猛外猛掌等寨俱隸騰越州統束及如本官所據招軍名數許為轉奏授以官職出給告示張掛曉諭土伴流住本省外省漢人除木邦孟密孟養夷民外其餘不拘夷漢俱聽招募待應募有人冊報至日再加詳議然後施行再議得隴川憂隴地方雖俱據委官周昆等勘稱實為緊關要地相應建設一衛以控制多鯨罕烈捍衛多鰍多參又稱本地瘴煙其大苦熱難居欲令指揮劉嵩率領防守竊恐防守日久姦生事寢不無又貽邊方之患近據騰衝所千百戶鎮撫孟鎮張淮等呈稱各職父祖征調功陞相繼襲任今隴川地方欲設守禦千戶所各官有願

改調者各願樂從去彼操守然隴川設衛雖有千百戶孟鎮等願去操守尚缺旗軍充實行伍合無亦照通判殷相所議招軍授職添設千百夫長列御百戶之下協同守禦又訪得南牙關坐落南牙山頂東通隴川西通孟養南通孟密北通干崖東南通木邦係緊關隘口山勢高峻天氣寒冷瘴癘頗少人可久居見有南甸夷人守把據致仕序班管銓稟請開設衛所用杜遠夷交通情弊通判殷相亦稱相應建設巡檢司況衛門設在夷方則漢人不宜選用合無於騰衝所土官百戶內銓選一員掌司事就將本山附近寨分土民選僉一百名充為弓兵常川巡守遇有夷情星飛具報又照孟乃七處地方通判殷相等勘稱原係木邦故壞彼處陶

猛別閣等因罕烈欲報不聽調遣之忿叛歸思真以致節年讐害不已今既退出應給本主但前項地方接連孟密相距本邦寫遠而七處陶猛結姻思真素與罕烈睽離先曾撫順尋復叛去合無寫牌省諭木邦罕烈地土歸伊之後畧其舊怨勿再欺凌致又攜二果肯依聽方可給還儻若本酋自知己力管顧不周願退屬官再行別議仍省諭孟密思真毋致設謀誘引附己不許容留在彼占住及省諭孟乃陶猛別閣等聽受木邦約束照舊幫當差發毋懷反側自惹諸夷取具罕烈思真別閣等重甘結狀回報然後將地挈還罕烈庶乎可保無虞又照緬甸印信已該宣撫刁怕落追出還官金牌止得景泰元年二面其餘年分并勘合底簿俱稱燒

失無處挨尋況遺兵火之餘恐無俱存之理但退出印牌應合給
管莽卜信近始知名真偽莫辯莽啓歲性稟庸懦策勵莫前合無
暫將牌印勅書俱收永昌府庫姑待詢訪緬甸二孽熟係的派應
襲宣慰官職取具嘗下目把人等不扶給狀及孟家孟養不致殺
害甘結至日然後畀之似為穩當又據木邦罕烈呈遞緬甸書稟稱
孟定原不做府賞與伊祖罕蓋嘗食即其久隸木邦之跡足為給
賞罕蓋之徽地土既已錫人府名亦應裁革今罕烈見得本道信
牌寫有府字慮恐别設衙門雖諭以不設衙門之意恐仍執迷弗
肯聽信合無備查會議府字應否革去及委官伴送罕忽歸還孟
定嘗食地方取具各夷漢緬文書結狀呈繳沐紹勛紹勛乃會同

杜唐沈教及巡撫歐陽重以夷情重務仍行三司會議於是布政使呂經按察使徐瓚都指揮方仲議曰臣等會勘得雲南邊徼西至金沙江而極木邦緬甸皆為宣慰司隴川為宣撫司孟密為安撫司孟連為長官司孟定為府此我祖宗列聖先後所設土官衙門以為雲南藩衛各置其長以食其土連亘不知幾千餘里列於金沙江之迤東麓川初設本為宣慰司其地亦在江東正統年間酋長思任發思機發叛逆靖遠伯王驥征之逃死過江據險孟養府緬甸宣慰先取思任發之首獻捷於軍後又執思機發械送京師送革麓川宣慰司改設前隴川宣撫司衙門餘孽遂居孟養自食其土是為金沙江之迤西時則不使復還誓以江乾石爛方許過

江後因孟密佔管木邦蠻莫等處地方恭將盧和牌取孟養思六調兵過江而東挾撫孟密思六遂假進貢永食此土勘有前愆仍令掣兵渡江西還伏蒙朝廷降勅嘉其納貢賞其退地然自是過江以來與木邦連合聲勢相倚黨惡肆暴兩無所忌正德五年木邦罕烈屠隴川宣撫司城而土舍多鯉子母祖母母舅夷民皆懼罹其害官粮盡被費耗衙門鞘為荒野宣撫印信金牌勘合皆入其手雖稱罕烈助妻弟多鯨之謀奪官職而孟養賊孽思凱難保其不謀復於故地節一節嘉靖四年思凱已故木邦罕烈寫書孟養思倫說伊有上司殺牌一道起兵相伴去取地方思倫遂令怕歡起夷兵象馬過江將緬甸宣慰殺死妻子虜掠燒燬衙門奪去宣慰司思

27

印信進攻孟密持以歲月雖稱緬甸族屬猛別莽卜信助兵接渡而賊孽思倫於其祖之讐蓋書陰圖於報復一節及罕烈將孟定府攻殺土舍罕忽遂居孟密而且明言於官欲革其府名又將孟璉長官司攻殺土舍刀派蘭避其害而遂占奪其土地一節是木邦罕烈為罪之首孟養思凱思倫為罪之從隴川多鯨罪不容誅仰惟宸謨廟算明見萬里臣等欽遵嚴行附近大小土官衙門整束兵粮固守隘口聽調征剿兵法先聲自足奪人由是兩雄喪魄各還本土而後官委往撫俛首聽從本邦罕烈則自伏殺隴川殺孟璉之罪而以金銀蹈血牙象獻作贖刑其於殺害緬甸則推之孟養所奪隴川宣撫司印信則先經委官取出行委指揮署掌所取孟

察蛮莫等處地方則云今係思真管食我先已有退狀所奪孟定府地方則吐退以還罕忽所占孟璉長官司地方則吐退以還刁派蘭若知已之有罪而求以免其罪者一節孟養思倫則自認過江與孟密思真讐殺之情而以土銀牙象納作贖罪其於殺害緬甸則推之猛別莽卜信原奪緬甸宣慰司印信金牌等項則云差人與莽卜信取出原占緬甸阿瓦補幹等處地方則退兵棄去見係緬甸陶猛佳守詰以殺死罕忽父罕柯則云係思真妄捏責以盟誓不致過江則云思真不來侵我我亦遵守不過江若畏己之有罪而圖以掩其罪者一節隴川逆舍多鯨則納銀二十兩以償原燒倉粮及將原占多鯉之子多養并多鯫姜誠等岡塞田地俱各退

還但其殺兄殺祖母嫡母雖助虐出於木邦罕烈而罪坐所由終無以自贖者一節孟密土舍思真則以原領木邦蠻莫等處地方退出還官及將投住避害孟定土舍罕忽隴川土舍多參多鰥緬甸土舍莽啓歲但送出官安插雖稱占協蠻莫等處然以本邦遠不能曾思真父子相仍曾之罪若差薄而不必深責之者一節臣等復惟古之王者不治夷狄叛則示之以威來則懷之以恩我國家設列土官以夷治夷逆則動兵勦之順則從宜撫之其揆一也泰照孟養賊孽思倫木邦宣慰司罕烈隴川逆舍多鰥論罪固當就戮治夷則難盡法況思倫威畏效順似宜准贖罕烈服罪貢物應容納多鰥禽獸莫擇似不足責合無恩施蕩蕩咸與宥免木邦所倫

方物許其赴京進貢仍照先年事例降勑二道一道戒飭孟養思
倫念乃祖思六納貢退地姑免其罪令其遵守盟誓管食迤西禁
止怕歡今後不許交結木邦指稱孟別擅自過江與緬甸孟密讐
殺自取誅戮一道戒諭木邦罕烈念乃祖父世守邊方姑免其罪
令其謹守疆界保守官職今後不許交通孟養爭奪孟密緬甸地
方亦不許黨助多鯨爭奪隴川官職及殺害孟璉孟定越境生事
自去滅亡如此則天威咫尺尤愈於鈇鉞之誅國法嚴明足示爭
專殺之罪恩威兼濟夷酋強暴者知所懲創矣再照孟密安撫司
土舍思真以一勑敵禦三兇強保全邊境有功甚大相應賞勵緬
甸宣慰司土舍莽啓歲以祖効忠結仇孟養殺虜殆盡得禍極慘

相應扶值隴川宣慰司土舍多叅被強爭官舉家受害衙門久廢
應與復管孟定府土舍罕忽被逐已久先世有功署守此府應與
復舊但委官各稱莽啓歲孱弱欲將緬甸宣慰司印信勅書金牌
等項送永昌府收候及稱多叅避居痛定仍將隴川宣撫司印信
行委指揮署掌又據罕烈邪謀妄稱孟定原不係府欲要革去府
名合無恩施寡弱俱加振拔此照近奉恩例思真莽啓歲准其襲
職多叅罕忽授以冠帶布政司備去劉付四道一道行令思真固
守邊疆賊至則敵賊去則止不許恃強啓釁細甸孤立照舊互相
保管不許因而侵占一道行令啓莽歲回還緬甸一道行令多叅
回還隴川各要招復夷民陶猛百姓協力保管地方如果力能管

理地方寧靖請即申報差官賫送勅印等項交付掌管一道行令罕忽回還孟定府將原管地方百姓照舊管理先年以麓川之亂雖失府印今宜守編户之制仍存府名如此則土舍蒙恩而部屬之夷民所知歸附寡弱得助而觀望之兇強亦自消沮勸懲兩得夷酋効順者知所激勵矣及照蠻莫孟毎十三處地方先年兵部會官議奏以為撥軍輪守非惟煙瘴不勝亦於國體有碍責令木邦撥人住守然以地里相去甚遠撥人住守則人又重遷而其本處土人生長子孫近隸孟密相屬管食故木邦每動干戈以此為辭今三司官初議欲就於孟密管理加徵差發銀一千兩而委官議處又恐木邦不忿欲將孟密木邦孟養三處夷人省令各回本

土榜諭騰衝流寓漢民有能招募千名者授以百夫長三十名者授以千夫長設立衙門請名鑄印而議者或謂試可乃行或謂可立衙門則前人當先為之欲令騰衝指揮使司帶管前項地方徵納差發銀兩臣竊謂流寓漢民是亦往來煙瘴偵販之徒豈足為千百夫長以制土夷而况土著皆為孟密夷人就使不敢生變即省令得去果誰與應募以足千百之數騰衝司去蠻莫等處尚隔千崖宣撫司衙門數百餘里若使名雖帶管騰衝實則仍屬孟密又豈不反起木邦之爭夫以尺地莫非王土分屬出自朝廷若謂此地去木邦相遠豈若就近以屬孟密名正言順罕烈亦何敢言也况不屬木邦蓋已有年今罕烈亦云見係思真嘗食我先已

有退狀則自知己之不能曾而無容心於爭矣委官又云見係思真男思文侚猛思撒等住守則亦知衙門之不能設而徒爲是壅言矣合無仍依三司官初議就與孟密管理加徵差發其說似可行之久遠而足以息爭也但據木邦原管孟乃等七處陶猛烈閣等先年不聽罕烈調遣曾經撫順尋復叛去思真固無爭占情由然與住近結親合無行令思真省諭別閣等仍歸罕烈毋致誘引附己雖虐我則讐夷民難強而於其赴愬處之常當如是也至如隴川乜隴宜復宣撫司治而委官議處亦欲格軍設禦及據騰衝司千百户孟鎮等顧調彼處操守又稱煙瘴甚大春夏秋三時難以棲止則非徒無益而有害所議設禦格軍亦不可行也以至南牙

山關既有南甸宣撫司夷人把守而委官又據致仕序班管銓之言欲設巡檢司於騰衝百户内銓選巡檢於土民内選充弓兵則徒為多事而無益所議巡檢司亦不必設也臣等再惟欲安中國必先治外夷若作家室必先勤垣墉懼其壞也必塗茨而後固外夷懼其乱也必處置而後安故以諸夷相殺似為中國之利又然懼其浸強適為中國之害將欲防微而杜漸故兹假法以示恩所據原差賫文千户周憲曹輔别無扶同誤事惜槩應免追究外委官知府嚴時泰通判殷相周昆指揮馮鳴鳳王訓張淮樊泰不避艱險而深入瘴鄉宣布恩威而不辱綸命用諧犬羊之性可方汗馬之勞千崖宣撫司刁怕落因委用以自奮知感激以効忠撫退

夷兵解息邊患守巡王汝舟僉事王叙唐胄都指揮胡章親詣夷方圖惟邊務集兵粮以振先聲督撫處而收後效三司掌印官呂經陶照、徐瓚李潤方仲用集衆思共成王事解諸夷之結禍了積条之連辞豈徒議論均着勤勞臣等恭承明詔莫敢或遑撫處亂夷幸茲復靖蓋其類凡有八種其情非止一端譯彼侏㒧愈見語長而意晦明乃順逆敵云慮遠而説詳爰協同謀上塵天聽如蒙軫念外夷以安中國乞勑兵部再加從長議處期在經久可行覽麓川之不遠置邊徼于無虞地方軍民不勝幸甚奏上兵部尚書王時中請俯從其議及照杜唐沐紹勛歐陽重周協群謀督委官而親抵夷方撫處周詳格諸酋而咸歸王化上紓皇上南顧之憂下除邊方久積之禍伏望降勅獎勵以彰其忠上乃詔雲南地方緬甸木部隴川孟密孟璉孟定等處土夷節因忿爭讐殺土民受害致勞官司撫處征調四數十餘年不得寧帖既該鎮守總兵巡撫官暨委司府衛所等官撫處停當恩威兼盡你部裏又叅詳明白思倫罕烈既能畏威效順俱准贖罪多鯨罪逆尤重但遠夷不足深較今既悔悟自新也都免究罕烈原備方物許令進貢孟養被獲陶猛准令量照土俗發落仍寫勅二道戒飭思倫罕烈令其謹守疆界以圖保全不許越境生事自取誅滅思真敵禦光強保全境土鎮巡官支給官錢買辦花紅綵幣優加賞勵緬甸上舍莽哈歲既遭慘禍着厚加存恤扶植俾不失宗祀仍照近例并思真俱

31

准龔職隴川孟定土舍多參罕忽各授以冠帶布政司仍各給劄付行令固守封疆各歸本土招復夷民保管地方其餘議處事宜并蠻夷孟乃等處夷情都依擬處置曹輔等既審無別情免究嚴時泰吏部擢用通判指揮等官鎮巡官酌量勤勞多寡各加獎勸有奇功的指實另行具奏三司官員王汝舟等該部記着應擢用的遇缺舉用鎮守巡撫官先因地方賊情已各有陞賞了自是大處之後各夷威畏保守境土朝貢如常四十年來雖間有讐殺亦無如前劇甚者迄今填南邊鄙少息云其俗瀕江為竹樓以居一日數浴孟養性頗淳額止刺一旗為號作樂以手拍羊皮鼓而間以銅鐃銅鼓拍板其鄉村飲宴則擊大鼓吹蘆笙舞牌為樂車里男子

則文身髡髮摘髭鬚脩（眉）䁾婦人則上衣白衣下圍桶裙耳帶大金圈手胃象牙鐲男貴女賤雖小民視其妻如奴僕耕織貿易差徭之類皆係之木邦其酋長有三等大曰招木弄即為宣慰者次曰招木牛又次曰招化居高樓部屬見之地有等限使客亦然設通事引之以至其地不差尺寸老撾酋長出入乘平轎或騎象富人和白檀麝香當歸姜黃末塗於身面以為奇事佛敬僧有大事則抱佛說誓質決於僧緬甸見客把手為禮八百境內甚熱四時皆蠶染五色絲織土錦充貢干崖其結親用茶（殺）二長筒雞郊（卵）五七籠為聘禮南甸卜以雞骨病不服藥務祭鬼剗沐為棺植一樹識墳鎮康交易用金銀或五日十日一集且婦集日中男集更代為市者樂甸亦有跣足衣

皮者（芒市）力耕火種者（騰衝）其於大暑相似山川曰鬼窟（蓋養境極險隘）曰蒙

樂者（樂甸毒泉人飲之即死）[illegible]金沙江（緬甸）其產琥珀諭石金響錫銅犀象碧

滇馬（錶小如騾）豪豬竹鼬（大如兔肥可食）蠳（巨蟒有四足膽可鮮諸毒）蟒膽（亦可鮮毒）木香沈香

乳香西木香白檀香安息香香櫞香撜橄欖芋蔗藤羊桃（味酸酣）藤

果（狀如荔枝味酸）濮竹（其節甚長）垂絲竹（枝葉歎翦下垂）芭蕉（間花佶實味甘可食）大藥（有大如斗者味如

極美（甘）解子（如棗味酸）紫膠白連花椰子楜椒樹頭酒樹類樓高五六丈

結實大如掌土人以罐懸置實下劃實汁流於罐以為酒汁亦可

熬白糖石油（石絳流出臭惡色黑可搽毒瘡）白氎布兜羅錦藍孔雀叫鷄（晝夜依時而鳴）

按夷人土官川貴陝廣各處有之俱不見載而獨具百夷者蓋

省地土官與中國錯居而此則在邊徼自為一天者況是錄本

為皇華轍跡之考而百夷乃詔使常蒞其域者故附着焉要之雲南昔皆婁麗異境故不沾文教而百夷又在省外則其狙獷之性險僻之習要非可以尋常戎狄視也至於我朝經略之後省内郡縣阜厚殷富盡為樂土且文物炳與中州侔而外之百夷亦帖然聽命各守藩度此我祖宗天威神畧丕誕無極而外黔寧綏輯勞恩威並施教化大行其功亦不可誣也自是子孫鎮襲世守其職累德積威二百年來夷酋無敢顛越者信為南邦之喬木也若夫唐末藩鎮勢重不及亦當謹其漸云

按孟密安撫司即漢孟獲之地朝廷每歲取辦寶石於此其地夷俗鬼術甚驗有名地羊鬼者擅能以土木易人肢臟當其易

特中術者不知也憑其術數幾時而發發則腹中痛矣痛至死
而五臟盡乃知土木或思(愚)人不深但易其一千(手)一足其人遂為
殘疾又有名樸死鬼者惟欲食人屍嚴人死親明(朋)鑼鼓防之少
或不嚴則鬼變為禽獸飛虫突入而食之矣皆不可以理喻者
嘗讀演義三國諸葛七擒孟獲蠻夷多有怪術今於驗之果然
今孟獲子孫尚繁

卷十 吐蕃　卷十一 拂菻　榜葛剌　默德那

卷十二 哈密　大方

殊域周咨録 七

海學山房

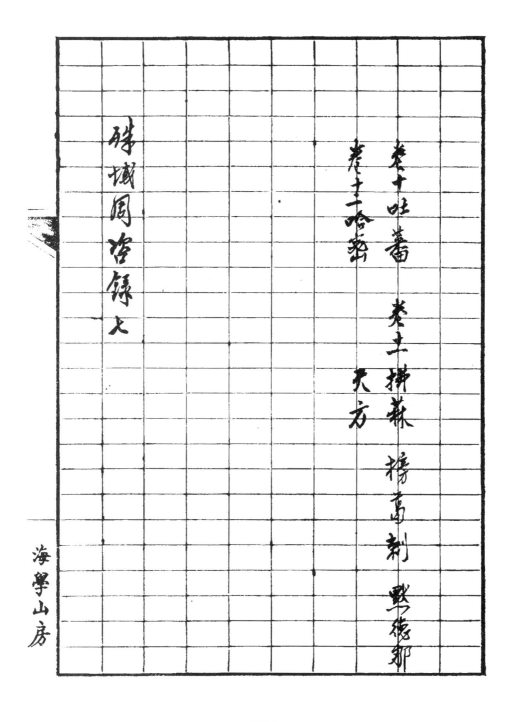

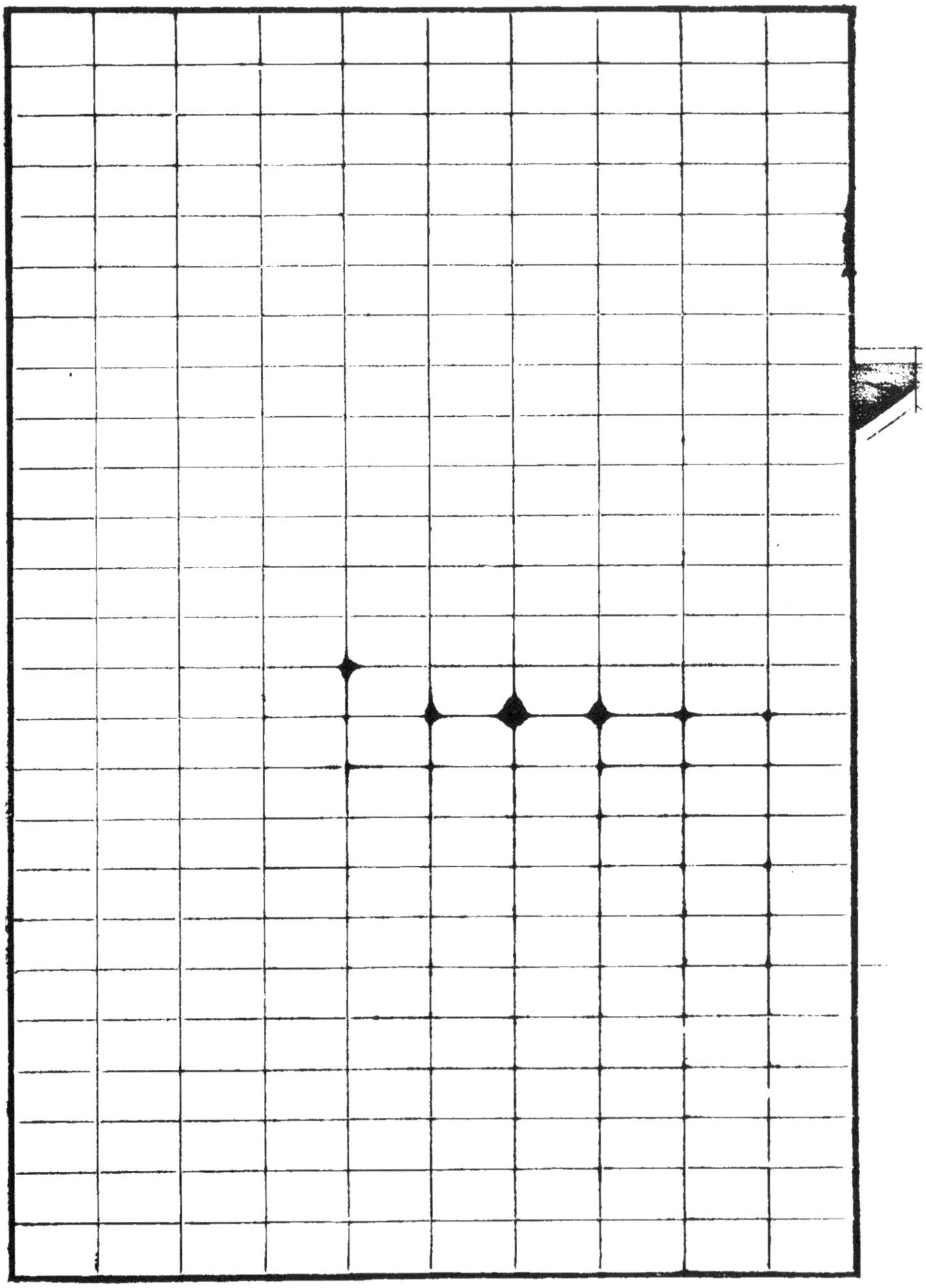

殊域周咨錄卷之十

西北夷考引

家君司右諫時緝殊域周咨錄共二十四卷門人汪允肇先刻九卷皆東南夷事其西北夷十五卷未暇刻也漸謂國家內順外威四夷來王自堯舜以來盛莫與京而列番之狼吞虎噬足為疆埸痛毒我戎所當儆戒者南倭北虜而已備倭方畧前刻已詳而制虜勝策二百年間臣工建白廟陛裁定鑿鑿可行者寧不廣布寰宇以為有志籌邊者之一助乎且家君此書原為奉命殊域職掌所係耳自景泰中英皇返狩之後星軺久絕於沙漠矣而九圍戎政如兵食功罪凡當清刷則省中諸臣每捧綸音而往焉雖不身

入胡地而要為胡計也嘉請末　代藩諸宗與大同郡邑生隙至於圍逼督府抗拒按院交章請勘而家君欽承璽書驅馳雲中洛訪所得有可裨益兵樞消氛瀚海者條疏欲上竟以遭讁中止今置篋中塵可掬也其視諸臣之侃侃建白悉見施為者何如哉莫非職事而得行與否有可概焉則是錄也寧可不出之以為有志籌邊者之一助乎漸乃與汪允等再為檢梓俾成全書不惟夷戎蠻狄其詭秘情狀畢露無遺而運機決畫以輔有道之盛守在四夷者亦或取二策不鄙其陋也敢并識之男巖其漸頓首書

殊域周咨録卷之十

行人司行人刑科右給事中嘉禾嚴從簡輯

揚州府學訓導長洲彭天翔
江都縣學訓導華容王三汲校

侄嚴翼
嚴肅仝校

西戎

神禹敷土而崑崙織皮武王克商而西旅進獒然其地迄乎流沙而止耳漢武雄才弘畧志吞西域始遣張騫往通諸國已畧識其梗概既大宛破後漢使入者益得其職而輪臺渠黎悉置校尉領護矣沿及於唐遂有安西府設烽堠萬里中國強盛至是極哉然漢時有善幻者至京師而興巫蠱之禍唐之中世吐

藩崛起雄於突厥尚結贊睥睨關輔蹂踐京闕幾危唐宗社西
域強盛亦至是極哉且漢明帝伻遊天竺白馬載經以還而釋
教始播紛紜中土蒙古主華崇重西僧八思巴加以帝師之稱
待以王者之禮朝會之日與天子皆南面后妃太子進謁膜拜
受大臣見坐而不起非但冠履倒置而已明聖統天聲靈丕覃
行人布詔不憚窮荒而昧谷之東其酋慕化稽首彤廷筐篚敬
將者又豈直如漢使所得天馬葡萄枸醬竹杖之品乎哉長陵
御極迎法王製佛曲自後其徒遞往來京師不絕館穀賜賚為
國家帑藏一大蠹然緣邊建僧寺度沙門以和蕃夷實能以口
舌代甲兵省芻糧數十萬蓋寓隨俗撫綏之意焉而苟弋蠢動

者亦終不免也愚謂釋迦以空為宗則視色形之着倫物之類皆非其所愛惜者乃忍於戕滅而不顧故藩族群醜亦每每自相讐殰又何有中國生靈争城然則佛氏禪機之秘毋乃殺機之伏而漢武玉門之通其殆禍門之闢也哉凡高明之士秉傳望之槎而以殊俗記獻者毋曰西方聖人我履其地親炙其教而侈為之說可也今烈其大都在正西則為吐蕃為拂菻為葛撈剌為默德那為天方在西北則為哈密為罕東為赤斤蒙古為安定阿端為曲先為大洲為土魯藩為赤亦力把力為於闐為撒馬兒罕為哈烈而其餘星紛珠錯者俱盡畧焉叙西戎

吐藩

吐蕃俗呼西蕃其先本羌屬凡百餘種散處河湟江岷間其酋發
羌唐旄等居析支水西後有樊尼者西濟河逾積石居玫布川或
邏婆川隋開皇中有論贊索者居牂牁西唐貞觀中始通中國既
而滅吐谷渾盡有其地強於北狄至唐末衰弱種類分散入内屬
者謂之熟户餘謂之生户宋時入貢不絶其首領唃厮羅始居鄯
州後徙青唐神哲高宗朝皆授以官元時始於河州置吐蕃宣慰
司都元帥府又於四川徼外置碉門魚通黎雅長河西等處宣撫
司郡縣其地設官分職以吐蕃僧八思巴為大寶法王帝師嗣者
數世弟子號司空司徒國公佩金玉印章者前後相望本朝洪武
二年遣使賫詔諭吐蕃曰昔我帝王之治中國以至德要道民用

和睦及四夷亦得安靖何者胡人竊據華夏百有餘年冠履倒置凡百有心孰不興憤比歲以來胡君失政四方雲擾群雄紛爭生靈塗炭朕乃命將師悉平海內臣民推戴為天下主國號大明建元洪武式我前王之道用康黎庶惟爾吐蕃邦郡西土今中國一統恐尚未聞故茲詔示使者既諭吐蕃未即歸命尋復遣陝西行省員外郎許允德徃諭時徐達受命往征沙漠遂分遣鄧愈往吐蕃招之降

六年詔吐蕃各族酋長舉故有官職者至京授職賜印俾因俗為治以故元攝帝師喃加巴藏卜為熾盛佛寶國師（即元末自大都逃歸故土者）其下蕃僧有封灌頂國師及贊善王闡化王闡教王輔教王者之有正覺大乘法王如來大寶法王誤都指揮二曰烏

思藏曰朶甘衛宣慰司三曰朶甘思曰董卜韓胡曰長河西魚通
寧遠又設萬户府四曰沙兒可曰乃竹曰羅思端曰列思麻招討
司六曰朶甘思曰朶甘龍合曰朶甘丹曰朶甘倉溏曰朶丹川曰
磨兒勘千户所十七曰朶甘思曰剌宗曰孛里加曰長河西曰多
八參孫曰加八曰兆日曰納竹曰倫答曰果由曰沙里可哈思的
曰孛里加思東曰撒里土兒干曰參卜郎曰剌錯牙曰泄里壩曰
潤側魯孫緣陝西四川雲南西鄙皆是南北袤數十里制令三年
一貢闡化王闡教王貢道從陝西贊善王貢道從四川三法王不
給勘合朝貢無常　八年詔甘肅朶甘烏思藏山川之神附祭於
陝西山川之壇先是禮部尚書牛諒言京都既罷祭天下山川

其四夷山川亦非天子所當躬祀請附祭於各省如廣西則宜附祭安南占城真臘暹羅瑣里廣東則宜附祭高麗陝西則宜附祭甘肅朵甘烏思藏京城更不須祭又各省山川風雲雷雨既居中南向其外夷山川神位分祭東西同壇上可其奏命中書頒行之將祭則遣官一人往監其祀

蘭州八里麻氏郭買的數誘番兵入寇詔立賞格購捕之蘭州衛遣其兄着沙與其弟火石歹往招之郭買的不從着沙火石歹但斬其首以歸衛以其事聞請賞上曰買的罪固當死然為兄弟者告之不從執之而已手自殺之有乖天倫若賞之非所以令天下也但以其所獲牛馬給之

西番來獻葡萄酒上謂中書省臣曰昔元時造葡萄酒使者相繼於途

勞民為甚豈宜效之且朕性不喜飲況中國自有秫米供釀何用以此勞民遂却之使無復進賜酋長文綺襲衣還還　初户部言四川產巴茶凡四百七十七處茶户三百一十五宜依定制每茶十株官取其一歲計得茶萬九千二百八十斤令有司貯候西番易馬從之　遣内使趙成往河州市馬初上以西番產馬其所用泉貨與中國異自更錢幣馬至者少乃命成以羅綺綾帛并巴茶往市之仍命河州守將善撫循以通互市馬稍集率厚直償之成又宣諭德意自是番酋感悅山後歸德等州西番諸部皆以馬來售　九年吐蕃所部川藏夷人邀殺烏思藏貢使翠歌瑣南等掠其貢物命衛國公鄧愈充征西將軍都督沐英副之往討分兵為

三道以進覆其巢穴窮追至崑崙山俘男女一萬口馬五千牛羊十三萬而還

十一年洮州等處番夷作亂命西平侯沐英充征西將軍往討首取甘朵降其萬户乞失迦平其部落俘獲不可勝算

洮州十八族番首三副使汪舒朵兒等據納鄰七站之地以叛命征西將軍移兵討之告祭西岳之神曰惟神磅礴西土為四方之鎮古昔帝王知神有所司故載在祀典為民作福今予統中國兼撫四夷前者延安伯顏帖木兒容匿中國屢撫不服告神進討已行殄滅自陝西以北民無兵禍之憂惟河州西南吐蕃川藏及洮州三副使雖嘗以子入侍而叛服不常復為生民之患是用命將率兵進討惟神鑒之

英等兵至洮州故城三副使等率皆

適去獲叛逃土官積石州阿昌七站失納等斬之遂於東龍山南
川度地築城戍守遣使報捷奏其事上曰洮州為西蕃門户今築
城戍守是扼其咽喉矣命置衛以指揮聶緯等領兵守之尋擒三
副使等殺獲數萬人獲馬二萬牛羊十餘萬　二十四年宋國公
馮勝涼國公藍玉請勒兵巡邊就討西番之未附者上報之曰朕
觀天象未利征討慎毋輕舉爾勝及左副將軍傅友德宜還京師
玉率諸將駐陝西訓練士馬為武備待其釁而後取之朕當有後
命也尋詔玉討建昌叛酋月魯帖木兒玉以計誘至送京師誅之
玉因奏四川地曠山險控扼西蕃連歲蠻夷梗化蓋由軍衛少而
備禦寡也宜增置屯衛於順慶府鎮巴梁大竹諸縣其保寧千户

所北通連雲棧宜改為衛漢州漢縣西連松戊碉黎當西番出入之地眉州控制馬湖建昌嘉定接山都長九寨但為要道皆宜增置軍衛長河西朶甘百夷地相連屬恃其險遠久不入貢請兵致討上報玉曰籍民為軍甚不可百姓連年供輸煩擾又以狀者為兵其何以況（堤）先渠既殄雒獷悍者自將漸革其習戍守軍士皆有成規何用增益重困吾民乎其長河西朶甘百夷之事朕惟兵久在外不可重勞但養銳蓄威徐議大舉此非四十萬衆不可行也今爾所統之兵選留守禦餘各令回衛玉遂班師

三十年立茶馬司於陝西洮河二州聽吐蕃納馬易茶令茶戶私鬻者籍其茶入官私茶出境及關隘不覺察者皆斬民間蓄茶不得過一月之

用上又以邊吏不獨縱放私茶出境致茶賤馬貴國課不充或假
朝旨橫索蕃馬致其悖信侮慢朝廷但謂羌戎不順宜知激之有
自遂製金牌信符其文曰皇帝聖旨差發納馬不信者斬命曹國
公李景隆賫往吐蕃令自各蕃族認辦辨馬課別自各置一牌藏於大內
每三年遣使賫出比驗相合收馬給茶以杜絕奸欺上又恐邊衛
巡防不嚴私漏茶於境外勅兵部傳諭守邊者知之兵部進禁
約事宜遣人持諭川陝衛所仍遣西僧管者藏卜等往吐蕃申諭
之初附馬都尉陽歐倫遣其家人往來陝西販茶出境於吐蕃倚
勢放橫蕃閫大臣皆畏威承順不敢違怍忤時四月農方耕耨倫適
使陝西令布政司移文所屬起車載茶往河州倫家人周保尤縱

暴索車五十輛至蘭縣捶河橋巡檢司吏吏不能堪奏其事上大
怒賜倫死以布政司官不言並保等皆坐誅茶貨沒入於官遣
使齎書嘉勞告者
倫尚帝女安慶公主高后坐所生也國初行法之嚴雖貴
戚不少貸如此
李景隆使吐蕃田用茶五千餘斤得馬一萬三千五百匹餘分給京
衛騎士
按洪武四年正月詔陝西漢中府產茶地方每十株官取一株
無主者令守城軍士薅種採取每十分官取八分然後以百斤
為一包二包為引以解有司收貯候西番易馬後又令四川保

寧府等亦照陝西取納二十三年因私茶之弊更定其法而於甘肅洮河西寧各設茶馬司以川陝軍人歲運一百萬斤至彼收貯謂之官茶私茶出境者斬關隘不覺察者處以極刑民間所蓄不得過一月之用多皆官買私易者籍其園仍制金牌額篆文曰皇帝聖旨其下左曰合當差發右曰不信者死番族各給一面洮州火把藏思曩日等族牌六面納馬二千五十匹河州必里衛二州七站西番二十九族牌五十一面納馬七千七百五匹西寧曲先阿端罕東安定四衛巴哇申藏等族牌一十六面納馬三千五十匹每匹上馬給茶一百二十斤中馬七十斤下馬五十斤一面收貯內府三年一次差大臣賫牌前去調聚

各番比對字號收納馬匹其一萬四千五十一匹自是洮河西寧一帶諸番既以茶馬羈縻而元降萬户把丹授以平凉千户其部落悉編軍民號為土達又立哈密為忠順王復統諸番自為保障則祖宗百年之間甘肅西顧之憂無矣自正統十四年北虜寇陜土達被掠邊方多事軍夫不克止將漢中府歲辦之數並巡獲私茶不過四五萬斤以易馬其於遠地一切停止至成化九年哈密之地又為吐魯番所奪屢廢未定都御史陳九疇建議欲制西番使還我地須閉關絕其貢易蓋以彼欲茶不得則發腫病死故耳殊不知貢易不通則命死一旦彼安得不救也哉邊常舉兵擾我甘肅破我寨堡殺我人民邊臣苦于支

敵之不給而茶亦為其所掠也弘治間都御使楊一清撫調各番志復茶法藩夷共稱未奉金牌不敢辨納此蓋彼既恐其相侵而此則商販無禁坐得收利特假是以為之詞耳故尚書霍韜有曰必須遣間諜告諸戎曰中國所以閉關絕爾非尔諸戎罪也土魯番不道滅我哈密蹂我疆場故閉關制其死命愚則以為仍當給其金牌招番辨納嚴禁商販無使有侵至於轉輸如舊規用軍計地轉達不使有長役之苦若收買之價比民少增致使有樂趋之勤其斯為興復久遠之計也或者曰方今西番侵擾邉民自宜極救之不暇又復興此迂遠之事乎予則曰制服西戎之術孰有過於茶馬之一法何也自唐回紇入貢以

馬易茶至宋熙寧間有茶易虜馬之制所謂摘山之利而易充
廄之良戎人得茶不能為我之害中國得馬實為我利之大非
惟馬政軍政需之安而駕馭西番不敢擾我邊境矣計之得者
孰過於此哉

上又遣廣東道監察御史王靜齋命符往西域市馬歷雪山崑崙
抵弱水所至七十二族往返斯年

按靜徽字永靜徽州黟縣人以貢授御史後巡按湖廣激揚有
聲洪熙改元受勅褒贈賜歸省尋陞莫陽知府以父老致仕

永樂間成祖在藩邸日聞尚師哈立麻名及即位遣中官侯顯齎
書幣往迎五歷寒暑乃至京師車駕躬出視勞無拜跪禮但合掌

而已　命尚師建法壇薦福皇考妣於是慶雲天花甘雨甘露合利祥光青鸞青獅白象白鶴連日畢見又聞梵唄空樂自天而下群臣上表稱賀學士胡廣等獻聖孝瑞應歌頌識者謂西僧行法善幻能動世俗如此詔封尚師為如來大寶法王西天大善自在佛領天下釋教賜鞍馬儀仗及黃金百兩白金千兩宴於華蓋殿

十九年鴻臚奏大寶法王來朝或請駕出視之戶部尚書夏原吉曰夷人慕義遠來當示以倫理若萬衆一屈下必有走死而不顧者矣上曰爾欲效韓愈耶　駕遂不出法王入見上命原吉拜之原吉曰王人雖微序於諸侯之上況夷狄耶長揖而已自後在京僧寺多有番僧　時陝西參政平思忠謫戍北邊上以思忠嘗

官王客郎中多識賈胡詔釋其戍賜冠帶隨中官往吐蕃諸國市馬後復遣陝西都指揮劉昭領兵往烏思藏賞諸國遠遇番賊奴掠昭率衆攻敗之四州布政司言諸番以馬易茶者例禁夾帶私茶布帛青紙等物出關今蕃商往往以馬易茶及以他物易布帛有司遵禁例又慮杜絕遠人上曰邊關互市所以資國用來遠人也其聽之上謂兵部榜諭邊北官民亦以朝廷懷遠之意今後西番馬至必與好茶若復以謬欺之令巡按御史米察以聞末年仁宗即位禮科給事中黄驥極陳西蕃賈胡入貢西人受害乞罷其貢上嘉納之以其奏示禮部尚書呂震曰驥常奉使西域故具悉西事卿陝西人有不悉耶為大臣當存國體恤民窮毋侵削

根本驥府言其從之　宣德六年都督陳懷等討松潘番寇平之
正統四年松番用兵以[illegible]王翺巡撫四川贊理軍務　十四年詔
停止西番金牌每歲遣行人四員往陝西茶馬司巡察西番茶市
禁私茶出境潼關以西至甘肅等處地方通行禁例　天順五年
吐藩寇凉州都督毛忠被圍賊勢甚銳監軍以下皆恐總兵宣城
伯衛穎或云衛涇戰却之賊披靡不敢近卒全師歸　八年西寧番族
把沙作亂命穎討之穎與巡撫都御史具璨將中軍督甘凉蘭鞏
山丹莊浪等衛所官軍三萬五千人分五路以進追至駱駝山俘
斬共千七百餘人獲牛馬羊二萬有奇成化四年客星色蒼白光
芒長三丈餘尾指西南夾彗於是六科給事中魏元等言朝廷於

僧徒過於信待每遇降生之辰輒費無限之貲財建無益之齋醮
而西番劄實巴等又加以法王名號賞賚隆厚出乘椶輿導用黃
金吾伏乞革去法王等號發回本國追回賞賜以賑饑民仍勒寺
觀不得請建醮脩齋又言天下之財不在官則在民今則公私俱
困矣蓋由賞賚無節玩好太多或印施經識或塡寫佛經或為繪
畫之像或造寶石之具及雲南等處鑛場採辦悉宜停止西天佛
子劄實巴先因造寺奏討河間靜海縣地為寺田仍乞宛平縣民
為佃戶上許之既而戶科左給事中丘弘等劾其妄請之罪上命
戶部覈實皆民間地詔仍退還民耕種　七年兵部奏陝西巡撫
馬文升所陳收茶易馬事深切邊務宜令陝西布政司將庫貯茶

課及綿花等物易銀遣官領送河南湖廣市茶運赴西寧等茶馬司收貯移文巡茶官同守備分巡官市易番馬俵給甘涼固原靖虜慶陽等衛缺馬官軍騎操仍行甘肅寧夏延綏總兵巡撫等官覈實缺馬官軍數目亦如前例行之詔可　京城外有軍民葉玘靳鸞等發人墓取髑髏及頂骨以為葛巴剌椀假謂之西番所產乘時市利愚民競趨之至是緝事者聞於朝番僧富買以進者皆遁去獲玘等送刑部鞫治得其黨俱坐罪如律上曰律載發墓罪死況敢取人髑髏市於人挾左道以邀厚利其視支解之罪固當即誅之

二十四年詔停止行人巡茶定委御史一員領勅專理西番茶馬事然茶法之行非往日之嚴而所得之馬亦甚微矣

按宣德四年四川江安縣茶户訴本户舊有茶八萬餘株年深枯朽户丁亦多死亡今存者皆給役於官無力培植積久茶課七千七百餘郡縣責徵日急乞賜減免并除雜役得專辦茶課庶無逋負逆政司以聞上諭尚書郭敦曰茶之利蜀人資之不但為公家之用今有司加以他役者悉免之宋陳恕為三司使稍增茶課當時非之此事今任於鄉歲額决不可增虚耗則當減免並宜從寬則當時之優恤茶户者如此蓋欲足民以足國也迄於是茶課反不及於前何哉此亦茶馬之一變也故記之

弘治元年上即位詔四川番僧國師法王領占所等悉革職追奪累次誥勅印信儀仗發回四川原居光相寺

按此一黜邪一快事聖教之首務也雜志載番僧生受沃賜死有司為之官造墓塔時有一吐蕃國師病且死語人云吾示寂在某日某時至期不驗弟子恥潛絞殺之尚書王復奏此僧素受國恩積蓄甚侈而無用宜籍以供墓塔之費省官錢詔可之人亦以為快云

弘治末命都御史楊一清任茶馬事一清請復金牌信符舊制書疏曰臣親詣西寧等衛撫調番官指揮千百户鎮撫驛丞僧國師禪師賫原降金牌信符而至臣奉宣皇上恩威撫且諭之責其近年不肯輸納茶馬之罪彼皆叱面稽首曰這是我西番認定差發合當辦納近年並不曾賫金牌來調止是一年一次着我輩將馬

換茶今後來調時天皇帝大法度在馬敢違逆已於是乃知我聖祖神宗睿謀英畧度越前代遠矣考之前代自唐世回紇入貢已以馬易茶至宋熙寧間有以茶易虜馬之制所謂摘山之利而易充廄之良戎人得茶不能為我害中國得馬足以為我利計之得者宜無出此至我朝納馬謂之差發如田之有賦身之有庸必不可少彼既納馬而酬以茶斤則我體既尊彼欲亦遂較之前代曰互市曰交易輕重得失較之然可知夫王者不治夷狄今青番夷以差發非若秦漢喜功好大勤遠畧者之所為也亦非中國果無良馬而必有待乎番夷也蓋西番之為中國藩籬久矣漢武帝圖治匈奴乃表河西列四郡開玉門通西域以斷匈奴右臂而漢南無王

庭今金城之西綿亘數千里北有狄南有羌狄終不敢越羌而南
以羌人為之世仇恐議其後此天所以限別區域絕內外者也不
然則河洮岷隴之區鮮不為其蹂踐欲晏然無事得乎　國初散
處降夷各分部落隨所指撥地方安置而授之官長以馬為科差以
茶為酬荅使知雖遠外小夷皆王官王民志向中國不敢背叛蓋
以一叛中國則不得茶無茶則病且死以是而羈縻之賢於數萬
甲兵遠矣此制西番以控北虜之上策前代略之而我朝獨得之
者也頃自金牌制廢私販盛行雖有撫諭私茶之官卒莫之能禁
坐失茶馬之利垂六十年豈徒邊方缺馬騎征將來遠夷既不仰
給我茶敢謂與中國不相干涉意外之憂或從此生藩籬之固何

所於託切照洪武年間頒降金牌數目各衛典籍磨滅多無的據查得洮河西寧三衛番族該金牌四十一面差發馬一萬四千五十一匹內府收貯每三年一次遣廷臣賫收馬給茶後因邊方多事停止歷年滋久如曲先阿端諸衛邈不相通誠恐四十年之後雖近番亦不復知有茶馬矣今欲遵照舊例調軍入番收馬非惟病於供億且恐激擾番夷乞勑該衙門將金牌舊額查出申明舊制照示蕃族使知朝廷修復信符各當本等差發不許生拗違背其蕃官指揮千百戶鎮撫驛丞等官久不襲替亦令查出奏請就彼各襲原職以為統領不必令其來京以弘治十一年為始易之期乞遣廷臣賫捧金牌前來會同臣等調取原降番族金牌至三

衛納馬給茶重加賞勞不須動調官軍深入事完造冊隨金牌賫繳以後三年一次奉行中間二年仍照常曉諭有願將馬易茶者聽敢有不受約束者量調蕃漢官兵問罪誅剿以警其餘庶恩威並施蕃人亦服而為藩籬之固奏上詔議行之然巡茶御史迄今兼設不廢

吐蕃諸部中惟董卜韓胡亦素知慕文教弘治中奏請中國書籍兵部尚書余子俊疏曰考之唐玄宗之世吐蕃遣使求毛詩春秋禮記正字於體烈以為與之書使知權略愈生變詐非中國之利尚書裴光庭以為吐蕃久叛新服因其有請賜以詩書庶使甄陶聲教化流內外體烈徒知書有權略變詐不知忠信禮義皆從書出於是玄宗賜以詩書今董卜求討前項書籍曰以

為成都記即都成府誌也一府之輿圖關隘於此乎載不可與方輿勝覽天下之輿圖關隘於此乎載不可與其餘書籍可以與之若或不與彼來朝之人市於書肆之中亦不甚難若因其請遣人量加頒賜因而勅其將舊維州地退還保縣彼必感恩知報可免西顧之憂矣正德間建僧寺於西內西僧行秘術者寅緣而進居其中勸上遣中使偕其徒至烏思藏迎異僧尚書乞(毛)紀諫曰烏思藏地方僻在西陲數千里之外其地習俗鄙惡語言侏離於(與)中國懸絕中國之人亦鮮有使其地者祖宗之時蕃僧雖嘗入貢賜以法王國師等號不過命之空名虛秩居其本土藉以撫化蕃衆無擾我邊境而已非崇信其教留居中國今入禁內如前代之事佛

求福者比也前代事佛求福者終更得禍史冊載之可為萬世之明鑑仰惟陛下神仁聖武天縱聰明曩在春宮懋學毓德纘膺寶祚任賢圖治天下之人拭目延頸以望太平者也今無故而為此舉朝野聞之咸皆駭異為以堂堂天朝衣冠文物之區道德綱常之化而顧從事於夷狄之陋哉且異端邪說人人皆知其非聖明在上詎肯崇信臣亦知此非出於陛下之本意也實由番僧造為一切幻妄怪誕之說上瀆陛下偶爾聽之不計其累至於此耳況本夷年例進貢自有舊定常格差遣伴送另有通事人員揆之事体似不可以煩朝使況近臣往番供送雖曰先朝當有此例當時庶政修明教化大行海內富庶百姓安樂偶一行之不覺甚損即

令各處災異頻仍人民困苦盜賊生発寇猖獗兵戈相尋未已儲蓄所在空虛而四川等處腹裡之患甫平松潘之警継至瘡痍滿目呻吟滿耳地方之疲敝極矣當此之時正宜勞心竭力多方拯濟猶恐弗及尚忍復為此騷擾煩費之舉哉伏望收回成命以彰乾剛之斷離照之明使天下後世稱為堯舜之聖實臣等之至願也上方好佛自名大慶法王外廷雖聞之無可據以進諫會番僧奏討腴田百頃為大慶法王下院乃書大慶法王與聖旨並禮部尚書傅珪佯不知執奏曰孰為大慶法王者敢並至尊書之褻天子壞祖宗法大不敬當誅詔勿問田亦竟止

嘉靖二年太監崔文以蕃僧灵異跪上事佛盛為齋供吏部尚書喬宇等疏曰伏覩

登極之詔將法王佛子國師禪師等項盡行牢固加釘押發煙瘴
地面衛分充軍遇赦不宥其中有出入內府住坐新寺誘引蠱惑
罪惡顯著見在京者拏送法司問擬罪名奏請定奪一切傳陞善
世真人等項盡行革退又將近年以來左右近倖之人獻諂希恩
在內添蓋佛寺神廟在外添蓋玄明宮石經山祠廟等項俱經拆
毀彼時聖志清明德性堅定屏息異端崇儒重道邪正之辯了然
明白深姦秘慝一售其計遂致蠱惑聖明切聞天生聖人為天地
神民之主心之感格自與天地相通氣之和順自協神人供祐往
三時不雨一冬無雪露禱宮中遣官祭告天地宗社隨獲感應明
效大驗彰著如斯皇上深居淵默體念於此則妖僧經懺自不足

信一應齋醮無益之事俱宜停罷方今天災屢見邊報未寧四方盜賊隨滅隨起內外庫藏日見消耗恐不可支相去正德末年不甚相遠矣伏願皇上始終一心闢邪崇正易信佛之念以尊經訓馳拜醮之勞以近講筵日隆盛德保養天和則聖壽萬年子孫千億上嘉其忠愛而不納

給事中安磐復疏曰武宗初年亦嘗留心講學矣二三年後遂為左右讒惑即從事內典內典既習即從事番教於是鎖南綽言出入豹房矣番教既諳即從事取佛於是太監劉允馳驅西域矣靡費大官騰謗道路此陛下之所聞見者既而劉允放而鎖南因天下頌陛下之明正道復而異端息天下頌陛下之聖供億減而光祿裕天下頌陛下之英數者斯陛下之

所以垂擧(警)無窮者也奈何甫及二年遽襲故轍崔文本以鐘鼓廝役蠱緣冒陛今復導陛下以此文之意以嘗試陛下也陛下既為所動、欲行畜(書)欲登壇欲拜跪臣恐無已則導以聲色無已則導以貨利無已則導以遊幸導以土木導以征代文以漸致也諸餘如文類者又將牽連伺便求所意欲逞也陛下德可堯舜而文敢如此左道而欺明黨紊乱故曰文可斬也上不從

先是劉允者幼時於成化年間在安喜宮答應名劉卯兒即能文通外人賣弄寶石獻謟佞調是非進退人才及敗露下錦衣衛獄見其年幼從輕發落後謀入東宮極能機巧相扇引誘至正德年來驟陞司禮監大監改名允武宗託為心腹本監傳造兼管豹房新寺膳房庫藏

收掌抄沒劉瑾金銀寶貨偷盜數多播弄威福聲勢極如劉瑾號名二劉恐後發覺用謀結喇麻僧寺請入番取佛勅諭異常賜與刀劍便宜行事若有各色人員能出力入番效勞任爾擢用若不用命斬首示衆不必覆奏允又奏帶官員軍舍匠作陰陽醫士道事序班等一百三十三名往烏思藏恣其貪害人嘉靖初科道發其罪上命降長隨追贓入官錦衣衛指揮實文鎰時已革職念之跡曰臣竊計京城起身經行直抵烏思藏蕃邦往返只有一年程限而劉允各處遷延五年之上但遇產物積貨地方便頓住經月倚稱採辦進貢及入番所用為由百般料擾勞民騙財俱於四川布政司官庫支領銀十萬餘兩累死人命不知其數較其贄謀

太監吳亮焦寧尚且問擬充軍籍沒財產而首惡劉允專聽主文
孫璽張洪撥置止用銀六萬兩還官庶掩前情得以降長雖未嘗
受一時刑憲罪重於丘山今罰未傷其毫毛隱匿應該入官監價
銀八十三萬六千餘兩安享富貴保全身家乞籍沒其財產入官
公用仍將劉允照吳亮焦寧事例加誅市朝以謝神人之怨上語
文鎰犯罪脫逃又將已發落人犯捏詞奏擾錦衣衛拏來着實打
五十棍放了三年打沖河兩歲西番與哈哈口等處西番枝葉相
連紮驚生野遊燒劫村屯搶掠牛馬人口顧副使調取鉞巂建寧
三衛漢土官兵征剿之有餘賊打別乞扒等逃過水斜合鹽井衛
剌土官部下番人越過安寧河糧運大路紺殺人口四年建昌兵

倫胡東皐及分守少監閻良行令監井衛指揮毛服起漢軍一千名土官剌馬仁起土軍三千名俱至水邊劉營相機撫剿仍諭各村爲悪番賊若肯投降献出頂經説誓認保地方即就聽從輟兵若再執拗不聽亦就進兵征剿番賊相結不順招撫乃督軍進戰克捷前後共斬首級六十一顆生擒男婦八十五名口頭畜兇砲碉房硬寨掃蕩無遺別寨番夷聞風喪膽各備贏馬衣甲投拜受降自願照俗頂經誓守界路四川巡撫都御史鄭毅題曰爲照建昌鹽井寧番等衛地方各寨番賊經年横出道路不時深入鄉村搶叔民財綁虜人口地方被害已深人心積憤已久副使胡東皐欲乘此衆怒之機往問彼不恭之罪會同少監閻良呈報鎮巡衛

13

門動調本處漢土官兵分哨夾攻相機撫剿協諸將之智謀伏朝廷之威福群兇落魄一舉成擒數年邊患一旦稍平但西路石磡險固餘黨深潛而土官刺馬仁自備口粮留兵堅守及照胡東皐闔良方舉事之初雖若嫌於輕率其討賊之急實皆出於忠誠土兵少損斬獲亦多謀既有成功足補過土官安夷刺馬仁千户趙清李聚賈爵協力同心必期罪人斯得土漢軍舍捨身用命誓不與賊俱生以致地方告寧軍民胥慶但首賊乞扒逃遯難尋石閑諸夷恃險未服尚該撫處雖畨夷無常之詐固未可以預料而王靈赫奕之勢則由此大振矣是皆前暫管巡撫右侍郎王軏鎮守太監蕭通巡按御史馬紀謀議之所及也至於此毫髮無與焉

伏望皇上念極邊陲明照萬里乞勅兵部特為裁處何以收今日全勝之功何以為百年無事之計一一明示以憑遵行具副使等官胡東皐憫其勞以作其氣畧其過以嘉其功不勝幸甚下兵部議尚書李鉞議謂建昌等處各寨番賊經年搶刼乃能擒斬殆盡所據各官輕擅之罪似應准贖及照賊首乞扒并石閑諸夷餘黨尚未擒剿盡絶伏候命下之日本部仍行都御史鄭毅從長計議如果前項番賊畏罪據險剌馬仁防守日久難於進攻各夷誠心悔過理宜撫處即便嚴督副使胡東皐等多方設法遣差的當人役省諭各寨番夷將賊首乞扒擒捕獻出一體重賞如或各夷仍固執迷反覆譎詐不聽招撫將來玩養成勢即會行雲南鎮巡等

官調集漢土官兵措備粮餉尅期進剿一面星馳奏聞兵形無常
夷情難測應剿應撫務在周悉慎重用圖萬全固不許虛文撫處
坐取玩愒(亦)不得輕率寡謀致貽後患上從之　自後夷賊聽撫感
各安生　七年九月弘化顕慶二寺番僧藏卜洛竹進西番狗二
隻陝西行都司起送至京禮部送豹房收育先是户部尚書秦金
疏請省無益之費以照聖德上詔存留鸂鶒等牲口二千五百二
十二箇隻其餘放去至是巡視光祿御史朱觀疏稱本年三月以
後節該各房奏報孳生虫蛾(蟻)鷹犬等項每月陸續增添肉豆谷粟
不一乞勅司禮監查勘虫蛾(蟻)等項的數目請自上裁擇其可用者
量爲留育上詔這鷹犬虫蛾(蟻)等項委係無益之物且日逐供給糜

費該監查明擇其可用者量為存留其餘通行屏逐于是內官監
太監郭紳奏稱永樂宣德正統等年間俱有蟲蟻牲口數多至天
順年間二萬三百餘箇隻弘治年二萬九千四百箇隻正德年二
萬九百三十餘箇隻先於正德十六年五月內恭遇皇上嗣登大
寶釋放大半嘉靖五年以來節該皇親張鶴齡等進到壽羊等牲
當奉欽依照舊送附本房餧養近該戶部尚書鄒文盛等節題雖
稱無益處具祖宗舊規已定難以泯逐切思本房哺養牲禽比舊
太少祖宗建制至今百餘十年非今日之設仰惟聖上軫念舊制
庶不有負祖宗成規提督豹房太監李寬又奏稱永樂宣德年間
舊額原養金線豹玉豹數多成化間養土豹三十餘隻弘治年原

養哈喇二隻金線一隻玉豹二十餘隻正德等年間原餧養玉豹
九十餘隻嘉靖年原養玉豹七隻舊額設立奉命揀採取及各處內
外守臣進貢豹隻給與本房餧養自立國以來已經百餘十年非
今日之設非係無益之物今止有玉隻豹一隻比舊太少止費羊
酒二斤伏望聖旨憫念舊規庶不有負祖宗成憲上詔豹房所奏
其意導君好尚之意法當治罪如曰祖宗成憲不知此成憲載在
何典又曰日用羊酒二斤計日縱少計年則多非告君之辭這豹
且留今後再不許進收這料記着又御馬監太監麥福奏稱查得
西牛一隻嘉靖五年魯述等地面貢進該監比照天順年間事理
乞於光祿寺每日酒半瓶雞一隻豬肉二斤果子二斤白米一斗

西番狗二隻番僧貢進乞照舊例每隻日支白米二斤肉一斤八
兩上諭西牛是西夷效順之貢留着二異狗都放了一十四年陝
西都司岷州衛大崇教等寺番僧劉失祿竹等奏我每進納馬一匹
止賞段一疋酥油酒一桶也是段一疋別國夷人達子回子俱有大
賞賜我每今要回還者舊例自買食茶三十斤乞比照四川董卜
韓胡番僧食茶事例每名買茶一百五十斤准令各僧自備價銀
照例收買回寺熬煎廣茶祝延聖壽禮部尚書夏言題曰看得陝
西番僧劉失祿竹等奏要比例加買食茶一節既查有前例相應
俯從但欲每名收買一百五十斤似乎太多及照四川董卜韓胡
雖准食茶一百斤止給勘合前去經過地方收買況車輛船隻俱

係自備今劉失祿竹等奏要自買食茶即於原起官車裝載所
此前例難以准行合無每名除遵舊例三十斤外量加五斤俟命
下之日行令該館照數收買驗包裝載所在官司并沿途經過關
隘務要嚴加盤驗如有過多及夾帶違禁之物就便追究懲治以
後該貢年期俱照此例收買庶免奏擾上從之　十五年四川都
指揮劉永昌等奏起送烏思藏輔教王差來到京國師一十五員
名并存留寨主一十三名大乘法王差來到京國師一十五員名
并存留番僧一十四名闡教王差來到京國師一十五員并存留
寨主一千一百四名并長河西魚通寧遠等處軍民宣慰使司差
來到京寨官一十五員名并存留寨官一千三名各備珊瑚銅佛

氆氌等物赴京進貢內闡教王差來番僧一百名赴京謝恩各例應給賞禮部尚書夏言題曰查得各地方賞例烏思藏輔教王大乘法王闡教王各差來進貢謝恩到京國師番僧人等每人綵段一表裡紵絲綾貼裡衣一套三件其存留都綱番僧人等每人綵段一表裡折與潤生絹四疋紵絲綾貼裏衣一套內二件給與本色二件折與潤生絹三疋俱賞鈔五十錠折靴韈鈔五十錠食茶六十斤進過方物例不給價其帶進輔教大乘闡教三王方物各回賜綵段四表裏長河西魚通寧遠等處宣慰司差來到京者每人賞潤生絹二疋折衣綵段二表裏俱與本色存留者每人潤生絹二疋折衣綵段二表裏內一表裏給與本色一表裏折與潤生

絹四疋俱與鈔一百錠進過方物例不給價查得嘉靖六年十月内該本部會議題准番僧番人正賞折衣綵段不等俱與一疋折給及查成化年間節該本部題准事例烏思藏輔教等四王每王名下例該三年一貢各許差一百人多不過一百五十人長河西魚通寧遠等處宣慰司三年一貢每貢多不過一百人如有國師禪師在司住坐者不許各另差人進貢其有退老事故等項着令親徒兒男襲替赴京進貢者國師差一百人禪師都指揮以下各差五十人多不過一千人數外多者照例阻回其都綱指揮以下來替者止許隨同年例進貢若國師禪師數少則自當隨數而來或三四百名或五六百名不待贅滿千名其大乘法王係出家高

僧無地土番民管束不給勘合亦無年例進貢聽其欲來止許差
僧徒十人齎執印信番本隨同闡化等四王年例進貢題奉聖旨
合例的全賞遣例的減去欽此欽遵外看得今次烏思藏輔教闡
法教大乘各王并長河西魚通寧遠等處軍民宣慰司各差來進
貢襲職謝恩人等雖已經題奉欽依給賞但查有本部節年題准
事例烏思藏并長河西各地方都綱剌麻帶來進貢僧徒及大乘
法王例止許差僧徒十人今帶差僧徒一千餘人俱係過額多餘
之數例應減革賞賜但既經都布按三司及該邊官員驗放起送
前來本部每從寬處俱一體給賞以全柔遠之恩各該官員明知
節年題准前例往往仍前額外起送顯是該邊官員貪圖賄賂專

務姑息通同隱蔽都布按三司官不行查例明白依文起送俱屬有違合候命下移咨都察院轉行彼處巡按御史將各經該官員查提到官酌量情罪輕重照依律例問擬發落以警將来本部仍備行彼處鎮巡衙門轉行都布按三司并該邊官員以後但遇烏思藏輔教等四王及各番僧人等入貢查照舊例不許仍前額外起送冒濫賞賜有奉明例如再故違聽本部從重參究該邊官員坐問贓罪番人革賞上詔番人進貢已有明例今次過額數多顯是邊官貪圖貨賄都布按三司官不行查審朦朧起送都着巡按御史提了問今後再有違的你部裏指名參奏罪重治不饒自後夷人進貢如例迄今不絕其處地薄氣寒風俗朴魯前史稱其法

令嚴整上下一心議事自下起因人所利而行之故能持久其國君號賛普賛普與其臣歲一小盟三歲一大盟其君臣自爲友者五六人號曰共命君死者自殺以殉然有城郭而不與處聯毳帳以居號大拂廬部人處小拂廬其吏治無文字刻木結繩爲約其刑雖小罪必抉目刖鼻其樂吹螺擊鼓其四時以麥熟爲歲首章餙最上瑟瑟金次之金塗銀又次之銅最下差大小綴臂前以辯貴賤養牛馬取乳酪供食取毛爲褐衣率氈愇常以赭塗面婦人辮髮而縈之貴壯賤弱重兵死以累世戰没者爲甲門敗懦者垂狐尾於首以示辱懷恩重財貨交易用罽毯馬牛不知醫藥疾病召巫覡焚柴聲鼓謂之逐鬼信詛咒啖生物無蔬茹醯醬其山川

曰崙崑山（在朵甘衛東北番名亦耳麻不剌山高極峻雪至夏不消）曰可跋海曰黃河

按河源自吐蕃朵甘衛西鄙直馬湖蠻部正西三千餘里去雲南麗江府西北一千五百里水從地湧出百餘泓方七八十里履高瞰之燦若列星番名火敦腦兒譯言星宿海也東北流百餘里滙為大澤又東流為赤賓河而赤里出之水由西合忽蘭之水由南合也里术之水復至自東南於是其流漸大曰脫可厄譯云黃河也河之東行又歧為九派曰也孫斡論譯云九渡也水尚清淺可涉又東約行五百里始寖渾濁而其流益大朵甘思東北鄙有大山四時皆積雪曰麻莫不剌又曰騰乞里塔譯云崑崙也自九渡東行至此可三十里崑崙之南又東流潤

即潤隄二地至哈剌別里赤與納鄰哈剌河合乞兒馬出二水乃折流轉西至崑崙北既復折而東北流至貴德州其地名亦赤里自崑崙至此不啻三千里之遠又約行三百餘里至積石自積石上距星宿海蓋六千七百有餘里矣東北經沙漠地折而南流入山西境內凡差千餘里云然流入中國豫徐青兗之地常決不寧本朝學士宋濂在元世常著論曰平原之地平曠夷衍無洞庭彭蠡以為之滙故河常橫潰為患其勢非多為之委以殺其流未可以力勝何也黃河之水其本也既遠其河也必怒故神禹導河自積石歷龍門南到華陰東下底柱及孟律洛汭至於大伾而下釃為二渠北載之高地過洚水至於大

陸播為九河過碣石入於渤海然自禹之後無水患者已七百七十餘年此無他水之流分而其勢自平也周定王時河徙砂礫始改禹故道九河之迹漸至湮塞至漢文時決酸棗東潰金隄孝武時決瓠子東南鉅野通於淮泗汎郡十六害及梁楚此無他河之流不分而其勢益橫也逮乎宣房之築導河北行二渠復禹故迹其後入流屯民諸河復入於千乘縣德棣等河復播為八而八十年又無水患矣及成帝時屯民河塞又決於館陶及東郡金堤泛濫兖豫入平原千乘濟南凡灌四郡三十二縣由是而觀則河之分不分而其利害昭然又可覩已自漢至唐平決不常難以悉議至於宋時河又南決南渡之後遂由

彭城合汴泗東南以入淮而向之故道又失矣夫以數十里湍悍難治之河而欲使一淮以疏其怒勢萬萬無此理也方今河破金堤輸曹鄆地幾千里悉為邑漫民生墊溺比古為尤甚莫若浚入舊淮使其水流復於故道然後導入新濟河分其半水使之北流以殺其力則河之患可平矣譬猶百人為一隊則力全莫敢與爭鋒若以百分而為十則頓損又以十各分為一則全屈矣治河之要孰踰於此然而開闢之初洪水泛濫於天下禹出而治之始由地中行耳蓋裁成天地之化必資人工而後就或者不知遂以河決歸於天未易以人力強塞此迂儒之曲說最能僨事者也宋文憲公治河議在今實為良策故因著

河之源而及其流之導法如此

其產金銀銅錫犛牛名馬天鼠皮可為裘獨峯駝青稞麥荳豆羱羊其貢在烏思藏則畫佛銅佛銅塔刀劍為獨異外貢舍利各色足力麻各色鐵力麻漢俗云鉄裹漢各色氆氌珊瑚犀角左髻毛纓酥油明盔明甲之類各番大抵相同其朝貢在烏思藏三年一期在長河西諸處洪武十六年置軍民安撫使司及朵甘思每年一貢并各番差人俱從四川比勘合凡貢五六十人無過百人其長河西朵甘思之境自雅州入京師

殊域周咨錄卷之十一

行人司行人刑科右給事中嘉禾嚴從簡輯

姪嚴翼

嚴靖仝校

拂菻

拂菻古名蒙昔兒在大葱嶺之上其北至海程四十西亦海程三十東南滅力沙東自大食于闐回紇抵中國唐書謂其去京師四萬里宋元豐四年其王滅力伊靈改撒始遣使來獻方物元祐中其使两至本朝洪武四年詔遣其故民揑古倫往諭其國詔曰自有宋失馭天絕其祀元興沙漠入主中國百有餘年天厭其昏淫亦用

殄絶其命華夏擾亂十有八年當群雄初起時朕爲淮右布衣起義救民荷天之靈授以文武之臣東渡江左練兵養民十有四年西平漢主陳友諒東縛吳王張士誠南平閩越戡定巴蜀北靖幽燕奠安華夏復我中國之舊疆朕爲臣民推戴即皇帝位定有天下之號曰大明建元洪武於今四年矣凡四夷諸國皆遣告諭惟是拂菻隔越西夷未及報知今遣爾國之民揑古倫賫詔往諭朕雖未及古先哲王之德使四夷懷之然不可不使天下周知朕平定四海之意故兹詔示國王乃遣使來朝并貢方物永樂中復遣使至貢自後不常至或問一來朝云其國地甚寒土屋無瓦以葡萄釀酒樂有箜篌壺琴小篳篥偏鼓國主服紅黄衣以金線織絲

布纏頭蔵三月則請佛寺坐紅床使人舁之貴臣如國主之服或青緑緋白粉紅褐紫並纏頭出騎馬刑罰罪輕者杖數十重者至二百大罪則盛以毛囊拔諸海不尚戰鬭小有爭但以文字往來相詰問事大亦出兵鑄金銀爲錢無穿孔面鑿彌勒佛背爲國主名禁民私造其產金銀珠西錦千年棗馬獨峯駝巴欖蒲萄

榜葛剌

榜葛剌本古忻都州府即西天竺也天竺有印度國五此東印度國或云此西印度國釋迦得道之所也海口有察地港蕃商海泊於此叢聚抽分其貨漢明帝時天竺浮圖法入中國其俗捨身焚尸謂之荼毘至今傳之學佛者猶然中國小民火葬皆效焉

按列子曰西極之國有化人來穆王事之作中天之臺其高千仞及秦時沙門室利房等至始皇以為異囚之夜有金人破户以出又霍去病至連耆山得休屠王祭天金人以是考之周秦西漢有佛久矣世傳佛法自漢明帝時始入中國非也

本朝永樂三年國王靄牙思丁遣使來朝詔賜王紵絲紗羅各四疋絹八疋王妃紵絲紗羅各三疋絹六疋命使往天竺迎異僧既至京兆號大寶法王居靈谷寺頗著靈異謂之神通教人念唵嘛呢叭彌吽於是信者晝夜念之翰林侍讀李繼鼎曰若彼既有神通當通中國語何為待譯者而後知乎且其所謂唵嘛呢叭彌吽云者乃云俺把你哄也人不之悟耳

按宋元昊擅西夏自稱兀卒宋人亦有兀卒近吾祖之說以是而論繼昇之言不為過也

六年國王遣使自太倉入貢上命行人往宴勞之十二年王又遣其臣把濟一貢麒麟等物禮部請上表賀上曰卿等但當夙夜竭心輔治以惠天下天下既安雖無麒麟不害為治其免賀詔賜王錦四段綾六十疋頭目人等給賞有差

楊士奇西夷貢麟早朝應制詩曰天香袖引玉爐薰日照龍墀彩仗分閶闔九重通御氣蓬萊五色護祥雲班聯文武齊鵷鷺慶合華夷致鳳麟聖主臨軒萬年壽敬陳明德贊堯勳

按永樂中其麒麟之貢四至成化七年常德沅江縣產一麟形

畧如虎蹄及尾皆牛身有麟而額有角人以為恠擊死郡守知而取腊藏之庫今惟空皮麟亦落矣嘉靖六年四月舞陽產一麒麟口吐火而聲如雷野人異之亦擊之死但雙脚馬蹄後撻於省城人皆見也是知麟亦常有人不能識多致死春秋西狩獲麟亦死于田夫之手是也聞皆牛生或云龍與馬交則龍駒產馬龍與牛交則麟產焉

十三年上命少監侯顯等統舟師賫詔勅賞賜國王王妃頭目其王知我中國寶船到彼遣部領賫衣服等禮人馬千數迎自察地港口起程十六站至瑣納兒江有城池街市聚貨通商又差人賫禮象馬迎接二十站至板獨哇是酋長之居處城郭甚嚴街市鋪

店連楹接棟聚貨百餘其王之舍皆磚灰甃砌高廣殿宇平頂白灰為之内門三重九間長殿其柱皆黃銅包飾雕琢花獸左右長廊内設明甲馬隊千餘外列巨漢明盔明甲執鋒刃弓矢威儀壯甚丹墀左右設孔雀翎傘蓋百數又置象隊百數於殿前其王於正殿高座嵌八寶箕踞坐其上劍橫於膝乃令銀柱杖二人皆穿纏頭來引導前五步一呼至中則止又金柱杖二人接引如前禮其王拜迎詔敕扣頭加額開讀賞賜受畢鋪絨毯於殿地待我天使宴我官兵禮之甚厚燔炙牛羊禁不飲酒恐亂性而失禮以薔薇露和香蜜水飲之宴畢復以金盔金繫腰金瓶金盆贈天使其副使皆以銀盔銀繫腰銀瓶銀盆贈之其下官員亦贈以金鈴級紵

絲長衣兵士俱有銀錢蓋此國富而有禮者也其後躬置金筒金葉表文差使臣齎捧貢獻方物於廷自後貢使亦或一至不常云

其國風俗甚厚男子白布纏頭穿白布長衫足穿金線羊皮靴濟濟然有文字者衆凡交易雖有萬金價定打手永無悔鑄銀錢名唐加每錢重二錢八分以權小錢婦女穿短衫圍色布絲錦不施脂粉自然嬌白首垂寶鈿項掛纓絡髻堆腦後四腕金鐲手足戒指其印度一種不食牛肉飲食男女不同處夫死不再嫁妻死不再娶若孤寡無倚一村人家輪流養之不容別村求食其義氣有足稱者田沃豐足一歲二收不用耘耔隨時自宜男女勤於耕織其瓜果蔬菜牛馬鷄羊鳧鴨海魚之類甚廣通使海𧵅准錢市用

貨用金銀段絹青花白磁器銅鐵麝香銀硃水銀草蓆之屬其山川曰五嶺山高林茂民聚居之其產細布撒哈剌毯絨兠羅綿水晶瑪瑙珊瑚真珠寶石琉璃糖蜜酥油翠毛各色手巾被面渡羅蜜果大如斗甘甜美大菴摩羅香酸甚佳其貢馬馬鞍金銀事件戧金琉璃器皿青花白磁撒哈剌者珠黑苔立布洗白苾布兠羅錦糖霜鶴頂犀角翠毛鸚哥乳香麤黃熟香烏香麻藤香烏爺泥紫膠藤竭烏木蘇木胡椒

西域論曰安南朝鮮本漢郡也故言語文字猶通乎中國真臘以西則皆挾南躶國所屬也自漢時橋陳如以天竺婆羅門主之其名見於四十二章經佛與菩薩偏袒右肩其為躶國之俗可知矣天竺釋迦之所自生也佛法行於東西二洋之間善者

若赤土瞿曇氏惡者若羅刹鬼國化而攝之有幻術爲達磨西來五傳至慧能三鼓入室密授衣鉢行至度嶺有奪之者提掇不動是也至今番僧猶傳其術雖倭奴亦事佛而任僧其謂根塵寂靜心地清涼見得本性自然極樂者薦紳喜之多棄孔顏博約之教而從之豈不知此乃吾人勦入洗心盡性之說而易其詞耳豈有番夷海寇所習言語文字反妙於中國者哉

又按别誌榜葛剌國最大自蘇門答剌海行過翠藍島至淛地港更小舟行五百里至鎖納兒港登陸路行三十五里至其國地廣人稠財物豊衍甲於諸鄰國國之有城郭王及諸官皆囬囬人氣候常熱如夏刑笞杖徒流官有印章行移軍有糧陰陽醫卜

百工技藝大類中國有衣黑白花形索悅佩珊瑚琥珀纓絡繫臂硝子鐲釧歌舞侑酒者曰根肖遠魯柰奈蓋優人也能作百戲以鐵索繫虎行市中入人家解索坐虎于庭裸而搏虎虎怒交撲仆虎數四乃已或手按入虎喉虎亦不傷戲已乃繫之人家爭以肉啖虎勞戲者錢曆有十二月無閏產白樹皮布膩滑光潤如鹿皮挪茇為酒檳榔當茶

默德那

默德那即回回祖國也其地接天方初國王謨罕驀德者生而神靈臣服西戎諸國尊號之為別諳拔爾猶華言天使云其教專以事天為本而無象設其經有三十藏凡三千六百餘卷其書體旁行

有篆草楷三法今西洋諸國皆用之又有陰陽星曆醫藥音樂之類隋開皇中始傳其教入中國本朝洪武元年上改太史院為司天監又置回回司天監二年上徵元回回曆官鄭阿里等十一人至京師議曆法占天象給廩賜服有差

按回回有陰陽星曆之傳不知其與中國所習何如也想必有精妙簡捷之法為吾中國之所未曉者故聖祖特置監以掌之徵鄭阿里等以業之迄今欽天監尚有世守其術者云

初回回人有入邊地者上遣主事寬徹等往諭至西域諸國被別失八里國王拘留之詔留回回人於中國待使者歸然後遣還回回人稱有父母妻子久羈思家懇請還國上曰逆人至情仁者不為

永樂無甲戌

也悉遣之還永樂四年國主遣回回結牙思進玉碗永樂甲戌回回哈只馬哈没奇等來朝貢方物因附載胡椒與民互市有司請徵其稅上曰商稅者國家以抑逐末之民豈以爲利今夷人慕義遠來乃侵其利所得幾何而虧辱大體多矣不聽宣德中又隨天方國使臣來朝貢方物正德中御馬監清河寺西海子有虎豹鷹犬等物各處設有養虎回回三名嘉靖初世宗登極給事中鄭一鵬疏請屏去以崇節儉從之然回回種類散流南北爲色目人者甚多而有一種寄住哈密城內頗稱勁悍常隨哈密往來入貢後多叛哈密往從土魯番初番人奪占哈密城令回回倒剌火者等十三人探問甘肅消息被別種夷人也先哥人馬截殺倒剌火者

卷十一　七　海學山房

脱走把關軍人獲送兵備副使陳九疇審得其情係獄死番將牙木蘭因探使不歸又遣暫巴思等入關偵信陳九疇疑之捕審下獄令通事毛見防守毛見素與斬巴思相善乃與田田高彥名謀私備兵器約土魯番打甘州城奪出暫巴思者等事覺彥名毛見暫巴思俱杖死番酋因暫巴思等日久無音又令田田怙林氣兒的往肅州蹤探守堡千户王翥獲之斃于獄又有写亦虎仙者亦田田種為哈密都督陰結土魯番屢奪占哈密虜其王及金印去不時入寇甘肅地方擾亂四年九疇奏虎仙謀叛處決亦死獄中詳具哈密傳中當時以土魯番舉兵皆田田誘引旋貢旋侵七八年來迄無寧歲諸臣奏疏悉名其人為奸田云。自後尚書王瓊撫處番酋進

此詩見菽園雜記七修類稿引之

貢四人同貢至今不絶其國有城池宮室田畜市列與江淮風土不異製造織文雕鏤尤巧寒暑應候民物繁庶種五穀葡萄諸果地雖接天竺而俗與之異不供佛不祭神不拜尸所尊敬者唯一天字天之外敬先師孔子而已

其諺曰儒言佛子在西空道說蓬萊在海東惟有孔門真實事眼前無日不春風此言亦頗可取

人尤重殺非同類殺者不食不食豕肉每歲齋戒一月沐浴更衣居必異常處每日西向拜天國人尊信其教雖適殊域傳子孫累世不敢易今廣東懷聖寺前有番塔創自唐時輪囷直上凡十六丈有五尺日於此禮拜其祖淛江杭州亦有四四堂崇峻嚴整亦

此條全本未錄
彭錄

為禮拜之處爲主其教者或往來京師隨路各回量力賫送如奉官府云

按回回祖國姓正綱以為大食一統志以為默德那據其教宗奉禮拜寺四夷惟天方國有其寺或實天方也入中國自隋時自南海達廣其教有數種吾儒亦有不如者富貴貧賤壽夭一定也吾儒惑於異端而信事鬼神矣彼惟敬天事祖之外一無所崇富貴者亦不少爲吾儒雖至親友之貧者多不尚義他人莫問矣彼則於同郡人貧日有給養之數他方來者皆有助儀吾儒守聖賢之教或在或亡彼之薄墊把齋不食自殺終身無改爲道釋二教又在吾儒之下不論也

容 頷

又按回回不事佛而僧家每以回回說偈誆人如方谷珍起時有女八歲患瘧禱於延慶寺閻王神既愈女往奉油謝神寺僧作梵語誦於神前名曰回回偈云「江南柳嫩綠未成陰枝小不堪攀折取黃鸝飛上力難禁留與待春深」僧料女之不喻而女甚明慧聞之恚歸語父知谷珍捕僧盛以竹籠状若猪篰投急流中谷珍曰我亦有回回偈送汝云「江南竹巧匠作爲籠留與吾師藏法體碧波深處伴蛟龍方知色是空」僧訴曰死即死願容一言谷珍頷之僧復作回回偈云「江南月如鑑亦如鈎如鑑不臨紅粉面如鈎不上畫簾頭空自惹場愁」谷珍笑曰「饒你弄聰明小和尚」後谷珍內附女配黔國公之子在雲南姑錄之以

6

為愚俗信佛者使知回回說偈之妄也

天方國

天方國與默德那接壤古筠冲之地舊名天堂自忽魯謨斯四十晝夜可達其國乃西洋之極盡處也有言陸路一年可達中國用回回曆比中國曆前後差三日或云天方回回祖國也本朝永樂七年遣正使太監鄭和等往賞賜其國王感恩加額頂天以方物獅子麒麟貢於廷宣德中國王遣其臣沙瓛等貢方物自後來貢私自稱王嘗與土魯番貢使同至蕃文開其下小酋附貢者率以王稱韓文在禮部疏曰伏考西域等國稱王者亦止是一人前此蕃文求討賞賜除國王外多者不過十餘紙大抵皆稱王毋王弟王子其餘

部落稱頭目名色惟是今次土魯蕃開稱王號者七十五人天方國稱王號者二十七人不分孰為國王[主]而誰[孰]為部領今敕書回錫之間若一概答之如其所稱則是所稱地面皆係入貢之國無復君臣之辨矣此等事體大有關係況稱號名自既多則貢雖微俱該從重給賞求討相同自當遂項回答且一次准許則自後遂為成例將來不副其無厭之求執詞啓釁未必不由於此為宋人予契丹歲幣富弼力爭獻納二字古人慎重開端如是夷狄安得不慄服乎今我朝挨諸大義責以國無二主之道彼將何詞臣愚請降一敕丁寧天語發明華夏君臣之大分備述祖宗之嚴規外以折其奸內以寓吾教責付來[夷]使宣示知之庶懷柔之恩制馭之略

各不相悖。嘉靖四年，陝西行都司差千户陳欽、通事哈[illegible]皮見伴送天方國使臣火者馬黑木等十六名赴京進貢，二月到會同館。禮部主客郎中陳九川（江西撫州人，進士）例應審驗，因病灸火，後堂本司主事林應標、呂璋令玉工魏英將各夷方物驗看，火者馬黑木玉石三塊，司吏趙堂送至後堂，與九川覆視畢，擡進皇城賞房内安置。八月，九川病痊出司，將前驗送賞房玉石復行擡出，另拘玉工翁偉等辯驗，揀出不堪玉石貳百六十三斤，退與馬黑木等，及將前方物題進。因見原來文冊洗改玉石塊數斤兩不同，疑其還過玉石，將伴送陳欽等參送法司問罪。說馬黑木等見玉石退還，進獻數少，恐賞賜輕減，及要貿賣帶來方物，乃具番字本奏行禮部九川將本藏隱止令通事具告通狀給示許賣各色玉石物件不許過多又有朝鮮使臣鄭允謙通事金利錫等進貢至館買賣本司主事陳邦偁以舊規給木牌令館夫押伴金利錫等不服禮部尚書席書聞之命邦偁寬其禁乃改作紙牌邦偁詣金利錫等通事夏麟與夷使說知夷使俱憾爲及同來回夷哈辛等將白色大玉一塊討價萬兩貸賣陳邦稱具呈禮部要將大玉貢獻回夷乃告九川曰我們將妻子當在番王帶這塊大王來賣若進朝廷只照進貢賞價我們性命不敢想活不情愿賣與朝廷九川令鴻臚序班白傑省諭各夷謂朝廷前豈敢言賣只作進獻重賞價值或准令自賣兩請蒙准自賣九月馬黑木等未經領賞具告許令開

市二日每常提督四夷主事辰時到館陳邦偁是日遲至未時方
到又督令官吏人等封閉各門關防過嚴阻抑不得便於買賣回
夷商人各興嗟怨馬黑木等因具番本赴闕跪奏內閣將番本命
翰林序班龔良臣馬良傳在於東序譯出問大學士費宏命馬良
傳來問譯得是何事馬良傳回有主客司字樣宏謂之曰二人前
程不是客〔容〕易須要仔細良傳會宏有回護意隨傳與龔良臣知之
又夷人本內錯寫蘭州字樣比郎中字樣切音缺少四齒龔良臣
等遂依文譯寫抄行禮部拘伴送陳欽哈榮〔榮〕皮見及通事撒雄等
帶領馬黑木俱赳〔赴〕堂審馬黑木等訐稱六月十五日五更朝見時
在長安街鑾駕庫前有外郎趙堂來問我索錢彩內火三包撒都

所言下与背面
與奏內三字相
接此為原飭
不錯簡

剌各懷銀一百兩共二百兩親自遞與趙外郎收去七月初五日
驗方物時帶進玉石三塊郎中留下一塊約九斤止將二塊交還
又小刀二十把鐵角皮十條在內混失禮部以番夷所言民回回
一種夫附吐魯番謀領本國哈剌灰畏兀兒生長三種遷附肅州
依我存活不敢復歸其王拜牙即自願遷附土魯番欲遣被入
冠矣正德年間兵部奏差彭澤總督經略仍請勅一道齎諭番酋
欲其獻還哈密城印將送回其王米拜牙即自願歸復雖今復守
本城亦其臣屬也於我何益又勅一道令奄克回還哈密與虎仙
同守城池夫虎仙由據哈密而奄克避難來歸今便遣還是驅入
虎仙口也一時　臣失處如此彭澤素懷忠勇自任其事亦依

卷十一　十二　海學山房

阿不衍執奏尚且行言不參而還責以大臣體國之義不為無罪
也使今土魯番獻還哈密城池忠順王真有滴派應立之人朝廷
與之金印動之兵粮數萬則彼為主雖與之守蓋不過十二年復
為所奪蓋彼富強將我皇命且使再得金印城池以為後日指勒
求贖之計耳於我中國何益也臣愚欲乞聖明特與輔臣熟議今
後哈密城池照依先朝和寧交址捨置不問霍韜疏曰功賦永樂
年間封哈密為忠順王十以與奏內不同具題上詔辨驗玉石官
九川等吏趙堂等鎮撫司獄九川以兵武選郎中張瓊應允之遣（部原任本司提督錦衣衛達撫張潮不可輕易道瓊）
家人張遠持帖達意於潮本司都吏葉增遂又報與通事胡士紳
及指揮邵輔訊趙堂前事堂不肯認夷人謂堂只認一兩貳五兩錢

也羅潮曰若認一两五錢是與二百一般輔潮又審得禮部原奏抄本譯出漢字内乃蘭州字様四夷爭持原係郎中字様又夷人初來投進番文十一道除進貢方物驗收題賞外又求討蟒衣金區等項九川查執舊稿立案不行覆奏郎輔張潮審得趙堂無受夷人銀两夷人不服乃具本仍請將前奏通提會問上詔事情既鞫問明白止是夷人火者馬黒木一人虛恐原奏涉虛不肯輸服不必通題會問林應標呂璋驗進方物失於細混同收退以致有詞陳九川陳邦偁檢驗過精拘禁太嚴以致瀆奏各罰俸三箇月撒雄等引領朝見不行省諭以致自行跪奏有失朝儀也罰俸一箇月趙堂送吏部改撥在外衙門當該哈榮皮見放了回夷誣奏

妄捏論法當重處念係遠夷姑從寬饒他還着禮部嚴加戒諭今後入貢務要遵守法度敬事朝廷不許妄生事端自取罪責初詔諭之時鴻臚通事鮮鳴隨於賜宴所與同官胡士紳言及夷人奏本鳴素有憾於龔良臣遂言原是郎中字樣良臣譯作蘭州字耳且良臣亦自謂有費公分付之語至次年正月九川謂序班白傑曰裏面說這些田子舊年來的通事們何不催他起身買賣兩次已無他事我要題本差官校催趕他去白傑遂與胡士紳言之陳邦偁又每向胡士紳等曰我聞前官若劉主事仵主事或督士夫買些玉石我不曾買他的我又不曾見他的我公主生明廉生威何有於彼夷哉士紳素憤九川等嚴束欲構成其隙乃於本司四

夷科吏李聰處將趙堂勘取回夷銀二百兩之事探問情由李聰漫應曰只得二三十兩邦偁又以所屬負役通夷生事乃上疏曰臣備負部屬提督會同館於鴻臚寺通事序班等官實有監臨之任查得大明會典具載我國初入貢之夷十有八國因其來之疏數以為通事之多寡其後雖有久不來貢者則亦設有通事其選用也徒以諳曉夷言其食粮也冠帶也授官也惟以積累年月有為通事歷俸數年未過貢夷畧無職務而亦叨獲序進視乎夷來之數其勞逸何如且諸通事即古象胥寄譯之職其於貢夷除引領傳譯之外又嘗承委審其詐冒理其貿易夷情攸係事匪輕微須得廉者斯不求索乎夷慎者斯不容縱乎夷否則交通之不特求

索而已教唆之不特容縱而已事不憤公務哉其通事之未遇貢夷者雖無職務於例皆當五日一次請館作揖提督主事立有文簿發館把門夫役每日於各名下填寫到否字樣年終送司備查無違約者少故違者多則其勤惰可知已及各通事三六九年考滿但能手書夷言譯字無差即得以為請曉故多但記誦紙上之文而於各夷語音不務操習況焉能勉修贊行以盡其職耶臣請特勅禮部行令該司於凡考滿通事追查作揖文簿有故違不到次數多者扣筭日月勿准其為實歷應考滿者察其行業別其等差如以廬者慎者勤者引領傳譯多者為上平常者引領傳譯少者為中食者肆者惰者無引領傳譯者為下備由呈堂以憑參詳出給

考語定其優劣不特試以夷言而已又諸通事雖屬鴻臚而其職務多在會同見知提督主事合無許主事提督三年滿日將各通事賢否勞逸指名具呈本部參詳轉奏或令徑行舉劾上請特勅吏部參詳考覈因其年績以行黜陟如上等者序遷中等者仍舊下等者革罷別選補充其通事序班歷任年深有勞績者例遷該寺首領等官或帶別衙門職銜長為通事不必遞選鳴贊隨堂使各專精職業不漫習學唱禮奏事聲音以備徵俾且免選補名缺之煩方中通事必待年滿無過始授冠帶雖遇恩例不得冒濫納銀以壞常法如此則考課詳嚴而人不識所勸懲者未之有也臣又聞古聖王之待夷狄仁義無偏威惠兼濟邇者天方國夷使火

者馬黑木等謀同伴送人役抵匿原貢玉石竊賣利己該臣具呈本部參奏問彼夷懼罪捏稱司吏受賍等情因朔日入朝輒敢自行跪奏該待班御史奏劾奉旨鴻臚寺查參該寺行拘譯審彼夷因而添捏誣及司官續該本部奉旨看詳所奏查審分明具奏欲送法司問理以懲欺罔既而奉旨將司辦驗方物官拜吏伴送人役拏下衛獄累經鞫問奏捏誣情明白彼夷慮恐誣虛獲罪不肯輸服且以臣嘗督令該館官吏人等闗防開市發其抵匿玉石禁具買取違禁之物因而添捏誣以厭于拘禁該鎮撫司鞫問明白

聖上念係遠夷姑從寬宥臣等各罰俸有差臣惟魯史限華戎周易戒太否所以正冠履保治平也今貢夷敢行混失朝儀誣犯主

10

客事出非常實臣等同官監臨不職所致然於國威損矣非聖上
垂明輕此之罰聲彼之罪所損又當何如識者咸謂例軍民申訴
必由通政使司無得徑達者而夷人乃得徑達律依告狀鞫獄無得
添捏者而夷人乃得添捏律奏事詐不以實無得免罪者而夷人
乃得免罪則因夷之失儀誣犯奚憚而不為使凡貢夷皆敢效尤
桀驁訐挟所司不服約束則剛者執法或取無妄之禍柔者縱法
漸成姑息之風月異歲殊威將弗振外患有必至焉者豈特主客
之羞而已哉臣愚但知仰伏高明益堅清白謹守常法以稱卑官
安得因一沮抑即畏禍而自懦懈也雖然我國家之於四夷重往
而薄來撫中以事外懷柔至矣其所以制馭之者臣請陛下玩泰

否之封修華戎之防屏聽邇言特勅禮部參詳議處自今入貢四
夷朝見辭謝仍令赴鴻臚寺報名轉達外其餘求討訟訴等項奏
章俱令赴通政使司告投轉達譯字明白得奉聖旨下各該科參
看抄出該部施行敢有不由使司徑自奏者奏詞不行通事伴
送人員各罪以違例所奏或事連職官下法司審究分明果行干
礙方行參提問擬如律免令急擴械繫以存禮體而勵近臣之節
夷人敢有捏奏誣枉輕則減其賞賜重則絶其朝貢若通事伴送
人等知情者坐以奏事不實議處既當奏請上裁著之令甲仍出
給告示發會同兩館門首張掛曉諭則庶乎法禁嚴明貢夷攝服
無情者不得盡其詞而朝儀可肅國勢可尊臣又惟天方國與土

魯蕃侵逆初寧天方國入貢而叛其國中開市貿易除督令官吏人等照例關防起程包廂又待兵部車駕司官會同檢驗外尚恐各夷犬羊之性蜂蠆之毒恃恩驕恣沿途延住撓擾驛遞因而窺覘虛實透漏事情交通無籍軍民私賣違禁貨物伴送人役故縱不行防阻貽患非細臣請特勑該部移文沿途官司督令各該郡邑節次嚴加制馭遇到即行給與應得廩餼車馬催發起程勿容延住仍行撫按甘肅衙門差官管押至關重別檢驗包箱果無禁物方許放出俾土魯番仰聞中朝之待遠夷德威如此可以革其犯順之慝啓其向上之誠是後凡有回夷願入貢物者請一切閉關勿納於以省浮費惠窮民則郤走馬絕西域者不得專美有漢

矣旨下禮部於是胡士紳奏稱九川邦俌剛惡浮躁乞先賜罷黜以順夷情以弭邊患

按是時張璁以言禮合上意驟進向用欲因事傾內閣費宏故夷使之訐奏實憑藉于士紳等而士紳等之橫肆亦因主之有人也及九川等下獄又攀費宏受玉而其輾轉誣陷之情見矣

上詔九川邦俌逼勒貸物閉禁使臣欺玩法度甚失朝廷柔遠之心下鎮撫司獄責問不許似前輕縱士紳又奏鎮撫司指揮張潮聽囑回護搆怨外夷上詔并下錦衣衛問指揮邵輔奏稱臣先與張潮曾同會勘今恐有同僚回護之嫌應請迴避乞勅都指揮駱安等從公鞫審上詔邵輔不准迴避着錦衣堂上官同問駱安又

奏請三法司會勘以杜嫌疑內開張潮奏辭及九川被訐情由面審情詞不一乞將番漢原本發出并將胡士紳龔良臣等通提對証事體方明上詔士紳不必提駱安等拿擒回護且不查究九川邦倆打問招認來說九川被訊遂稱前玉已送大學士費宏其家人費興貴費阿義收受宏令玉匠曹春送為玉帶及認張驄等聽囑前情駱安等又奏稱國體重大夷情不輕若果改譯情真干碍大學士費宏囑託已行干礙指揮張潮俱聽該部徑自參奏通行究治必須憲典昭示庶使夏夷無詞上恩其展轉支調詔仍前息緩治罪不饒張驄張潮龔良臣馬良傳葉增李應都提了問夷人求討蟒衣等物奏本着禮部與他查覆邵輔且革回原衛帶俸胡士

紳又奏九川等致怨回夷等情許及大學士費宏受玉是實上詔
陳九川陳邦偁照前旨好生打着追問招認刑科給事解一貫疏
曰近該錦衣都指揮駱安等請官會勘以杜嫌疑奉欽依胡士紳
等不必題陳九川陳邦偁照前旨好生打着追問招認竊惟古之
制獄正聽之司寇聽之三公聽之獄成王三宥然後致刑書曰兩
造具備師聽五辭五辭簡孚正於五刑禮曰刑者侀也成者一成
而不可變故君子盡心焉仰惟我祖宗創制立法於刑獄一事尤
為盡心故凡問官既勘明矣必送法司以擬其罪法司既擬罪矣
又必送大理寺以審其允慮其悞也復原情而致刑恐其冤也復
命官以審錄亦以刑獄民命所係故慎重如此百餘年來刑清民

服天下無冤獄者以此今陳九川等事情其有無虛實臣等皆不可知其是非曲直臣等亦不暇辯但以治獄言之必原告在前被告在後衆證明白而後可以服其心文案不遺而後無所逃其罪胡士紳原告人也龔良臣鮮鳴夏麟朱道鳴撒雄白傑葉增李聰陳欽哈榮皮見俱干證人也番漢本原即文案也有原告則兩辭可折有干證則衆說可據有文案則真偽即見今不提胡士紳是無原告人矣不提龔良臣等是無干證人矣不審番漢原本是無文案矣獨使九川邦偁與一紙并嚴刑對雖十惡重情亦無不招者況餘事乎治獄之道恐不如此但彼得以有辭而不心服矣伏望皇上念死者不可復生斷者不可復續勅下各該衙門將原告并一干人證及番漢原本通送問

官一一從公對理如果是實然後依律究治庶用法平允情罪真當而彼雖死亦無憾矣上詔這廝每恣意回護輒來奏擾不從御史王正宗疏曰胡士紳許奏見監陳九川陳邦偁等獄案未成事未別白而胡士紳又奏九川等事情且本内牽言輔臣具情之虛實臣等皆未可知但我祖宗舊制一有大獄必先付法司或竟付鎮撫司問理若有未明必奏請三法司會問若再有未明必奏請多官午門前會同問理蓋至於多官會問其事情無有不明刑罰無有不中者出於衆人之公也此即古之用刑先問之左右次問之諸大夫又次之問之國人之遺也今士紳之一事初命鎮撫司而致有迴避再命堂上官而致有請官此必各官見其掣肘難行故

有此舉陛下正當體察其廻避之故俯從其請官之舉務協輿論必家至公于于輿論以求至公今則未蒙俞允各官震懼此臣等所未諭也若陛下止因九川等不體上心處夷過當亦可以齊天威從臣前議或舉多官會同推問或與三法司一同問理仍欲人卷俱仝全對証明白衆口一詞事無虧枉覆奏之明臣等知陛下必斷以至公施之以至平不至以士紳過於激切而重九川等之罪亦不至以九川有當得之罪而廢朝廷之法矣上詔其回護奏擾亦不從太子太保禮部尚書席書疏曰近該鴻臚寺回回館通事胡士紳具奏九川邦偁致怨回夷等情訪得往年主客司郎中相待所屬鴻臚寺通事禮貌頗優會同館主事與在館通事和同相

處積習已非一日自去年三月陳九川到任不容平頭巾通事與官帶序班通事一起參見又不答拜還揖彼時胡士紳考選通事未及二年既無冠帶又未食粮嗔怪九川將他另作一起相待體面頗嚴以此積恨在心回人貢獻玉石等物九川等自謂進上之物辯驗精詳十分敬謹中間粗石黑玉甚不堪者揀退若干主事陳邦偁分管會同館事拘泥舊規禁嚴夷人出入致生嗟怨見得夷人大玉一塊值價萬兩邦偁過於小心呈具本部奏請明白然後許賣又見得本館通事不聽約束奏要聽其考察去留事不如意動輒用言詈罵以致各該平頭巾通士胡士紳等刻恨二臣深入骨髓通部官吏皆知回夷歸怨二臣之心不過三分通事人等

致怨二臣却有七分周此去年回夷在奉天門跪進番本胡士紳等不肯阻攔意欲朝廷將二臣罷黜不遂令又假託夷人致怨之詞激怒朝廷必欲罷遣二臣方快此心自皇上寬宥各官之後臣等日逐分付該司今後各要仰體聖心凡待夷人俱從寬處去年開市例外容令買賣五日適遇雪下貨物變易不盡新年赴部告令再買賣三日起身亦不聞回夷再又致怨之言設有此言該管通事緣何不赴部堂告禀令胡士紳所言譯寫番文字樣有無差錯臣等不得而知竊念中國之於夷狄如天冠之於地履部肖之於所屬堂階之分亦甚截然自去年樂護以所屬欽天監官輒奏部肖今年所屬鴻臚寺以一徽末通事遂致假夷人之怨排奏部

官二臣固不足惜誠恐此後夷人効尤愈肆桀驁本部不敢裁制所屬小吏蔑視部堂無以自立群官之上矣乞下鎮撫司拘天方國使臣虛心詳審今年正月以來陳九川等有無別生事端啓釁招怨萬一情有可原乞將二臣量賜釋放使得更生勉圖後報
上詔卿等既居堂官陳九川等恣肆妄為却不舉奏返行論劾非大臣事君之道于是貴宏上疏自陳乞罷稱先於嘉靖三年七月内因往涿州迎接憲廟神主將紵絲二疋銀二兩作羊酒并詩一首送與同年彼處致仕南京戶部尚書鄧璋璋令姪監生鄧仲和將玉石一塊以為作詩謝禮來京親送去年九月內喚不知名碾玉匠看是纍水玉石做帶一條小帶一條鬧粧女帶一條並不係

九川送與乞辯明誣害以全名節上詔宏卿係輔臣盡誠體國朕所倚任諒無請託交通之情所奏誣陷朕已知之宜即出供職不必深辯既而刑部侍郎張璁學士桂萼共疏論宏實受九川侵盗玉石乃認鄭璋所餽以飾其罪乞追玉坐免宏疏曰昨該詹事兼學士桂萼張璁連名具本攻臣謂臣實受陳九川所盗貢玉而姑認為鄭璋所送之玉以為脫罪之計又謂臣納布政使彭夔之賄票擬存留得以調用以此二事誣臣為誤國神姦亟宜罷黜蓋近日選取庶吉士例有教書官二員萼璁皆有垂涎染指之意而萼以該院掌印自詭必與望之尤切及臣等題請命官以屬溫仁和董玘而二人皆不得與憤恨不平乃遂假此二事上瀆聖聰以為

報復之舉耳夫九川之王與臣無干已荷優詔發落謂九川假稱內廷有旨誑陷輔導重臣固不必與之辯矣若謂鄧璋送王欲圖總制則臣不容不辯者臣以嘉靖三年七月往迎獻皇帝神主回過璋家作詩贈璋十月送王來謝書簡見存日月可証而總制之推在嘉靖肆年十月經隔一年璋豈能於一年之前預知總制有缺而遂覬此念乎況總制之推吏部會臣官不能專主況與璋鉅推者又有尚書王憲吏部以璋嘗總制甘肅憲嘗為兵部其才可用非以臣言用也至於彭澤之留用則亦有說蓋凡朝覲官負吏部會同都察院考察黜退者則一槩黜退少有復留科道拾遺部院覆題請旨定奪者則舊例送下或去或留亦從內閣票擬前此

往往皆然非臣等徇私而創此舉也變居官雖不能大過于人而循謹廉平則非惟臣知之臣同官石瑶賈詠亦知之吏部都察院亦知之其所以得謗者特因科場爭坐欲循舊規不肯列於巡按之傍御史謝汝儀忽之加以不謹實非其罪故吏部都察院考察之初不忍以不謹出變而臣等於拾遺之疏擬變調用者亦以其年方五十才尚可用也夫萼璁之挾私而攻臣者屢矣不得為經筵講官則攻臣不得與修獻皇帝實録則攻臣不得為兩京鄉試考官則攻臣今不得與教書之舉則又攻臣二人者徒以臣為內閣之首意謂凡事皆臣沮之而不知臣之舉措亦必謀諸寮友協於公議又必取自聖裁豈敢徇私而專主乎萼璁之器量亦甚小

矣其為謀亦甚淺矣萬親對臣言術士鄧隱仙判伊命狀有同鄉並閣之語蓋諷臣薦之入閣也其所以屢屢攻臣者蓋欲臣決於求退而代其位也臣多疾無才憂讒畏譏心欲求退久矣但以受命纂修皇考實錄欲候書完上進以成聖志乃敢乞歸庶無後責焉耳萬聰又謂臣居鄉併植禍及祖父之墳塋奪人凶殘解及第兄之支體尚不能保其家焉望有益於國之先墳被發從兄受禍者蓋以正德之初寧賊宸濠謀為不軌請復護衛使以人重賄啖臣臣不敢受曷言以沮其謀宸濠憾臣計囑奸臣錢寧矯旨罷臣及臣臣既歸乃嗾臣鄉人集眾併力欲以害命臣性幸而天祐朴忠得以脫免復見用於聖明之世使臣茍當濠賄與之同謀則當叛

逆既露之後且與陸完錢寧華俱受大戮矣又豈有今日乎臣平日無他技能惟此一事士大夫亦頗見許以為能忘家為國可謂之忠而萼璁乃反誣斥以為無益於國不知其論果出於衆論之公乎抑或出於一己之私也近因恭和御製詩章忽有蟒衣玉帶之賜萼璁亦懷忌嫉形於奏訐則二人主於誣陷不欲臣受陛下之寵任明矣臣心跡既明即當辭避權位歸休田里豈能與小人爭勝上詔事已明白不准辭

按疏內所言雖不甚關於天方而事有所起則由天方也故備錄之且以見當時大臣因夷人之小事而自相攻擊不顧中國之大體若此亦一時可駭之事也

聰又疏曰司馬光言人君大德有三曰仁曰明曰武今宏擅專威福大肆奸貪臣等言之皇上既察之未決去之則仁矣（明矣）武武德有未畫者乎本月經筵費宏不與皆言宏有不法事敗被東廠緝獲臣等隨究其實云有樂工張仁者原與滅賢俱助宸濠為送而費宏與張仁實為心腹宸濠事敗滅賢抄沒時張仁巧計漏納（網）既乃為費宏黨緣起用因此專一在宏門下過錢今東廠緝拿張仁已招過送費宏玉帶銀兩表裏等物又緝拿樂婦名李鮮愁者已招是宏長子懋賢包宿名高秋兒者已招是宏次子懋良包宿每二樂婦至費宏家其子每與自己衣帽穿著如男子出入又有相贈詩柬俱被東廠鞫出真情臣未知東廠敢盡以此情聞於我皇上

否也公論明揚傳聞中外以為神奸事敗今至於此當為聖天子
賀而太平有日矣當日午後忽又傳言費宏云朝廷今宣我到左
順門教我安心明日便出來辦事不必辭本家出不信次日果出
朝參衆方大駭以為知奸不去不如不知之為愈也且費宏主改
番文侵受貢玉乃真情也臣等論之御史鄭洛書與臣等並劾之
既而皇上優容兩無可否使臣等劾忠無地至今有愧於心反有
論臣等欲奪費宏之位者殊不知此乃費宏平日所為臣等實所
不為者也正德六年大學士劉忠主會試考宏為禮部尚書欲謀
入閣將會録標註某句不好某句不好託人奏武宗皇帝說劉忠
没學問劉忠去位宏遂入閣事載大學士李東陽燕對録中於今可

証正德九年大學士梁儲主會試考宏復將會試録傳註某句好某句不好謀去梁儲以進己位賴武宗察知適宏又在武宗前嗤笑不恭密旨着錦衣衛責打監禁限費宏五日內起程人皆知之

來宏先得罪其黨而張作密泄於宋武宗當依想相張作義錦衣衛

後宏乃託言不與宸濠護衛以致休歸此真欺天罔人者也且宸濠生日宏曾作詩遣府學生員謝賢慶賀其家居時設心可知也夫以武宗皇帝特以剛武之資故奸邪隨發隨滅用能保全神器傳之皇上皇上聖明如此如費宏者可復久容乎御史鄭氣疏曰臣聞人臣之事君也以和衷為尚自足以消夫黨比之私其立身也以節義為防自足以作乎愞懦之氣是皆閟乎治道之隆污士風之邪正而可以不慎哉臣近見通事胡士紳之訐奏陳九川等

語雖止於部屬意實漫於寧執若面謾侮大臣而不顧事近羅織傷國體而不借重外夷之方物輕中國之衣冠人皆曰彼何敢至此皆詹事張璁桂蕚有以諷使之也又見大學士費宏論辯受王之來歷情形雖出於辯明迹若類乎掩飾交際之厚未免啓請託之私取與之過終難逃賄賂之誚始焉追究之大急終則發落之無據人皆曰事何以中止皆大學士費宏有以周旋之也臣聞此初則疑焉今方信之觀璁蕚之劾費宏曰禮部郎中陳九川侵盜貢玉招稱與大學士費宏收受宏因造為玉帶姑認受鄧璋之玉為掩藏苟免之計係彼此懼罪之贓宜追出入官令其自陳罷黜以此徵之則君子辭受取與之大義聖賢進退出處之大節宏實

昧焉況禮貌既以衰薾退休宜尤勇決乃復恬然不以為異其何以辭貪冒之譏乎費宏之劾璁蕚曰專尚攻訐甘為小人不得為經筵講官則攻臣不得與獻皇帝實錄則攻臣不得為兩京鄉試考官則攻臣不得與教書之舉則又攻臣以此觀之則是以城狐社鼠之依憑為蹊田奪牛之深計璁蕚實效焉況心跡既多敗露公論實以昭彰乃復肆然自以為得其何以逃奸黨之誅乎是知士紳之訐奏周為璁蕚之黨惡而費宏之貪暴實有以來夫璁蕚之狂肆也況其間彼攻此曰或其為幕中引結之賓或甘為門下狗盜之客此攻彼曰鼓怒蛙之腹張狂猘之喙言詞皆涉於罵詈忿狼真同於市井臣謂聖明雍睦之時乃有此奸惡貪鄙之輩伏

望於貴宏也今其自陳而放歸田里以全大臣之體貌於璁蕚也發其黨惡而并諸四夷以懲群小人之姦邪如此則體統以正朝廷以尊上詔大臣賢才進退朝廷自有公論酌處不必洹言奏擾於是駱安等問得九川藏匿夷玉先已賣銀五十兩今蒙追要會知貴宏家玉石做帶又因先年求親不肯挾恨攀稽以圖抵塞掩飾已贓其家人貴興貴與九川面證貴興貴等畏受刑責就依九川妄招情由供認入己夷人失去玉石原稱不匾不圓畧斜一角比槩水玉畧高些約重九斤今宏玉曹春開報七斤自有不同參照犯人陳九川欺妄存心刻薄成性職掌四夷全無柔遠之仁指勒百端專肆搜求之需尅留進玉賣與行商展轉指攀詞多不一妄稱

16

大玉外夷自要進呈甘作誑言裏面欲行逐趕番本輙為立案明
旨恣意不行閤上行私莫此為甚陳邦偁專司夷館合順夷情郤
乃刁難貨物毒逞惡聲怨積遠人譏歸朝宁驕矜輕跳傳笑遐荒
沮遏來王致興伊訟張聰聽允寮寀央求苟順私情敢於理刑衙
門囑記公事張瀚接受拜帖顯是狥情追究吏贓若有容縱及與
郤輔審譯番文失於奏請龔良臣馬良傳各不應承內分付譯字
欠明似有回護鮮鳴葉增李聰因話傳言誣不以實鮮鳴又不合
捏詞奏辯撥其各犯情雖不同罪俱難逭合將各犯并犯屬陳瑞通
送刑部分別情罪從重議擬奏請發落及照大學士費宏做帶玉
石究有根由在官家人費興貴費阿義應各釋放上詔陳九川侵

盗貢玉欺君侮法發邊衛充軍銀兩追入官陳邦偁不撫夷情刁難貸物着為民張䁥於理刑衙門輒行囑託降邊方雜職張瑚職掌刑名狥情回護降做總旗邵輔譯審番文失於奏請還罰俸兩箇月襲良臣等譯字欠明鮮鳴担詞奏辯也各罰俸三箇月葉增李聰各打二十并黃興貴等都放了　自後其國每貢適土魯蕃侵占哈密數犯甘肅將各夷使人沿途羈住天方國貢使毋滿速等先因慶賀世宗登極而還被禁於莊浪衛又有後來貢使十六人與撒馬兒罕夷人九十九人有司俱留京師兵部尚書王瓊疏謂各夷雖真偽難辯但彼以貢獻而來我既驗放入關若疑其詐冒則又無實跡可據合行在京在途官司催促前來與莊浪寄監

者陸續驗放出關遣归本土其原帶財物聽其領回不許官司侵剋重失遠夷之心從之

七年各夷行至平涼府東關時以土魯番常叛入寇詔不許通貢天方國及各夷俱謂归路必经土魯番今絕其朝貢則我輩假道彼必肆掠焉能前往王瓊上聞請許土魯番照例入貢以興復哈密且使各國通行則邊釁可息上從其議迄今使人時至不絕云其地風景融和四時皆春田沃稻饒居民安業男女穿白長衫男子削髮以布纏頭婦女編髮盤頭風俗好善酋長無科擾於民亦無刑罰自然淳化不作盜賊上下安和古置禮拜寺見月初生其酋長與民皆拜天號呼稱揚以為禮餘無所施以馬乳拌飲食之故人肥美其寺分為四方每方九十間共

三百六十間皆白玉為柱黃甘玉為地中有黑石一片方丈餘曰
漢初時天降也其寺層次高上如塔之狀每至日落聚為夜市蓋
日中熱故也貨用金銀段疋色絹青白花磁器鐵鼎鐵銚之屬其
地產金珀寶石真珠獅子駱駝祖剌法豹麂馬有八尺高者名為
天馬

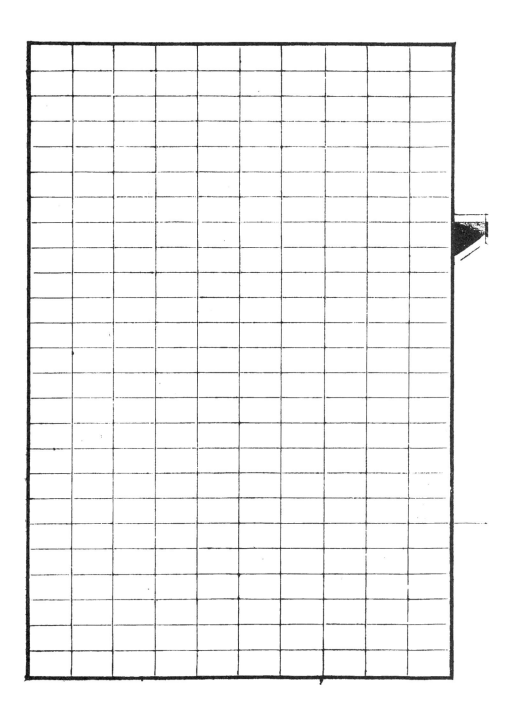

殊域周咨錄卷之十二

行人司行人刑科右給事中嘉禾嚴從簡輯

揚州府學訓導彭天翔
江都縣學訓導王三汲仝校正

侄嚴翼
嚴恪仝校

西戎

哈密

哈密本古伊吾盧地在漢燉煌郡北大磧之外去今肅州一千五百里為西北諸胡要路漢明帝始取其地屯田宿平末為郡縣後魏始置伊吾郡後又為胡戎所據唐貞觀初內附置西伊州五代時號胡盧磧小月氏遺種居之宋時伊州將姓陳氏其先自唐開

元初領州凡數十元有忽納失里者封威武王已而改封肅王卒弟安克帖木兒嗣本朝永樂二年安克帖木兒遣使來朝且貢馬因封為忠順王以頭目馬哈麻火只等為指揮等官分其衆居苦峪城

三年王尋為鬼力赤毒死無嗣其兄子脫脫幼俘入中國命襲王爵賜以金印玉帶遣使送還其國今為西域之喉襟以通諸番之消息凡有入貢夷使方物悉令至彼譯表以上管轄三種夷人一種回回一種畏兀兒一種哈剌灰俱生達各授頭目為都督等官輔守疆土與赤斤罕東一衛共作中國藩籬

按國初置甘州五衛於張掖肅州衛於酒泉涼州衛於武威西寧於湟中又置山丹永昌鎮番莊浪四衛高臺鎮夷古浪三千

户所自陝西蘭州渡河千五百里至肅州肅州西七十里為嘉
峪關長陵初設關外七衛曰哈密曰安定曰阿端曰赤斤蒙古
曰曲先曰罕東左七衛皆在嘉峪關西哈密又在六衛西東去
肅州西去土魯番各千百里北至瓦剌數百里
四年賜王及其祖母速哥失里母妃從母綺幣有差是年速哥失
里逐脱脱上勅諸酋復立脱脱為王　六年脱脱曁祖母各遣使
朝貢　九年脱脱卒勅都指揮哈納為都督僉事守哈密是年封
免力帖木兒為忠義王賜印誥玉帶守哈密後卒從父子孛羅帖
木兒嗣仍封忠順王賜誥印　十二年行在驗封員外郎陳誠奉
使西域還言哈密城在平川河三四里東北二門王稱速壇人僅

數百戶頗非一種多蒙古回回人俗習各異產馬駝玉石鑌鐵大尾羊陰牙角城北大山西南東皆平曠地多鹹鹵宜種麥豌豆農耕亦用糞壤人獷悍好利西域三十八國入貢經哈密者相攔出入索道路鐵(錢)乃已洪熙元年貢碗(硫)黃上謂從前不聞哈密產此物先帝時亦不曾有進庫中既有硫黃則制造火器不患無人猝遇戰鬭亦須有備勅大同宣府總兵知之宣德元年遣使祭故哈密忠順王免力帖木兒後上命行人蕭鑾往諭諸番至哈密群夷多餽方物鑾厲聲叱曰天子仁聖惟恐六合之外一物不得其所故遣使宣諭汝等豈為受賂來耶群夷聞之遂不敢有所獻皆遣使修職貢正統甲戌哈密入貢方物具還也照例上命行人邉求送

至甘肅凡百供應具給且嚴其約束使無得侵擾哈密使臣言於
甘肅守將曰我輩見館伴使凡十三次未有如邊公者成化初亭
羅帖木兒被頭目者林謀害無嗣王母主衛事因思曲先衛安定
王子孫係是至親具本差官撫取未來
或云宣德間免力帖木兒卒命其姪卜荅失理嗣封忠順王　三
年以哈密忠順王卜荅失理尚幼遣使立故王免力帖木兒之
子脫歡帖木兒嗣為忠義王俾嗣忠順王經撫部屬然免力帖
·木兒既有一子何又先立其幼姪也此說恐未是
正統四年貢玉求紵絲與四表裏　天順四年貢賜紙金箔薑桂
茶磬　成化元年禮部尚書姚夔會昌侯孫繼宗等議哈密乃西

2

域諸番要路近年為𠁅加思蘭殘破其國人民潰散不時來貢動以千百貪饕宴賜朝廷固不恤此然道路疲於遞接合酌量事体哈密使臣歲一入朝不得過二百人𠁅加思蘭五十人其土魯番亦力把力等或三年五年入貢經哈密者依期同來不得過十人宜勅陝西甘肅等處鎮守總兵撫按三司等官撫諭夷民嚴加防範及勅哈密王母努溫荅失力收集流散保守境土庶全朝廷始終優厚之意從之　三年以忠順王外孫為都督賜銅印金幣　八年都督赴京嗣官貢馬駝加賞　九年被土魯番酋鎖擅阿力（後止稱番酋以便覽）虜王母及金印以去國人離散王母外甥畏兀兒都督罕愼率家逃居苦峪肅州國人奸狡者潛降土魯番窺侯塞下甘

州守臣以聞哈密亦累求救援兵部言哈密實西域諸夷咽喉之
地若棄而不救竊恐赤斤蒙古罕東曲先安定苦峪沙州等衛亦
為土魯番所脅則我邊之藩籬盡撤而甘肅之患方殷設使河套
之虜不退關中供億愈難繼矣上命集廷臣議會昌侯孫繼宗等
謂宜及今賊勢未盛遣使勅赤斤蒙古罕東等衛諭以大義俾知
唇亡齒寒之勢且速擅阿刀今亦遣使進貢因賜之勅使悔過自
新庶可以散其姦謀縱哈密不能自存亦足以堅各衛內嚮之志
因舉高陽伯李文知夷情宜委以使事及勅李文及右通政劉文
等往撫處之比至調集罕東赤斤番兵數千駐苦峪關不敢進無功
而還　十八年甘肅守臣奏阿力死其弟阿黑麻新立遣畔慎領番

兵復取哈密奏封忠順王罕慎嗜要索亦怨恨二十三年罕慎言

酋貪殘國人怨恨西域諸夷貢使來者苦罕慎

乜克剌有克捨太師革捨太師克捨死其弟阿沙亦為太師革捨弟

阿力阿古多兀王與阿沙赤讐殺西走據哈密乜克剌尋退去　弘

治元年哈密奸田見罕慎非貴族阿黑麻係同類密相搆引假以

求親誘殺罕慎罕慎弟奄克孛剌後止襲授都督管領殘眾畨酋

求和以主哈密畨酋阿黑麻也詔不從其請但許入貢且降璽書遣哈密

頭目寫亦虎仙往賞賜之諭令歸金印城池時王母已故　四年

畨酋遂以金印城池歸乃升寫亦虎仙為都督僉事文升以為哈

密一城三種夷人雜處種類不貴彼此頡頏北山則有小列秃野

乜克力數種強膚時至哈密需索無厭稍不如意輒肆侵陵最為

難守者必須求元之遺孽襲封然後可攝服諸番興復哈密耳是
冬起前左都御史王越入見加太子太保總督三邊經畧哈密
先是越奪爵謫居安陸弘治改元詔放還鄉尋以寅緣復五都
御史致仕至是乃起用之
曲先安定王千奔姪陝巴者忠順王的派也至是已取來京乃命之
襲封爲王送至哈密仍令本衛回回都督寫亦虎仙後止稱虎仙及失
拜煙荅哈剌灰人止稱哈荅後等同奄克孛剌畏兀兒人止稱奄克後共輔陝巴及有
奸回火辛哈郎乃虎仙妻父也後止稱哈郎即亦其理事越以奄克罕慎弟也與
陝巴不協乃取罕慎女妻之陝巴結好奄克未幾越卒是秋賜陝
巴大帽蟒衣玉帶象笏然奄克與煙荅同類爲黨哈郎與虎仙同

類為黨各分彼此致國難守　五年諸番索陝巴犒賜不得哈密都指揮阿木即挑釁擅殺土魯番入貢賞物又與鄰胡已克力搶其牲畜未幾土魯番報入哈密城殺阿木郎復虜陝巴及金印去令頭目牙木蘭占據哈密　六年朝廷命兵部尚書張海都督僉事緱謙往經畧之遂拘土魯番貢使四十餘人安置南邊而閉嘉峪關絕諸域西番之貢使土魯番結怨衆夷以孤其勢　七年海謙歸奏上怒其不進圖本又無功而還皆下獄土魯番益驕肆聲言欲攻肅州城馬文升欲遣兵襲殺牙木蘭聞肅州撫夷指揮翥以奏事至京熟諳夷情詢策於翥得罕東至哈密捷徑議令甘州守臣調罕東番落兵三千為前鋒以鎮兵三千為後援遣一副將

將之齎數日熟粮取道南山馳至罕東乘夜兼程而進出其不意賊將可得而擒都御史許進貪功不委副將將之如兵部戒筴親率鎮兵至肅州屯於嘉峪關外候罕東不至然後屬兵副將從常道往襲北至賊將牙木蘭豫知已遁去僅得空城斬首踰四十得陝巴妻女而然還亦威振西土且絕貢之用番酋乃將印及其王送於甘州都御史周季麟等奏遣番兵送回哈密　十八年哈密屬夷阿孛剌等怨陝巴掊剋陰誘番酋之次子真帖木兒阿黑麻子來哈密陝巴棄城帶印奔沙州鎮巡官奏遣指揮董傑同奄克至哈密往諭不從遂將阿孛剌等陸人擒殺之餘黨懾復將陝巴送回

正德元年陝巴尋卒子速壇拜牙即襲爲忠順王以後稱王者皆此人也遙

醞不道屬夷謀害之虎仙先因送真帖木兒回番乃與番潛謀誘其王云番主恠爾行事不公且來殺爾可先投免禍忠順王懼乃欲往投順奄克不從王持刀殺之奄克逃至甘州告其情哈即乘機同誘王往歸土魯番當被拘留哈即先回國番酋時阿黑麻已死今其子速滿兒嗣位止稱番酋後隨今頭目火者他只丁後止稱同虎仙滿剌哈三領兵占據哈密鎮巡官遣撫夷千戶馬驥前往探聽虎仙乃曰城池金印在他人之手我豈敢言奉誰為王及稱土魯番要犯甘肅夷人撞八十久住哈密備知虎仙通番謀害之情虎仙又請將哈密印信與他只丁掌管我同坐此城　九年番酋移書甘州守臣索段疋一萬贖哈密城印且欲速遣前諸貢使還本國否者兵入寇

且先殺掠國初內附諸番落以示強總制鄧璋以聞命起致仕兵部尚書彭澤往經畧澤請勑一道諭番酋還城印一道喻奄克回共虎仙守國給事中王江都御史張鸞各上言治病者樂無二君奕棋者局無二師〔帥〕甘肅諸路既有鄧璋總制不宜復令彭澤總督不聽澤至甘肅調集兵馬土魯番復以書來急欲段疋澤謂酋可以利啗遣通事火信馬馴賫段疋二千同虎仙往賜番酋贖取城印火信等猶未至番境澤奏西夷事寧乞致仕巡按甘肅御史馮時雍上言土魯番之酋長尚爾驕侵〔慢〕哈密之西城印猶未歸復遣使講和屬人大開溪壑之欲要我以難從之事後來之變雖無形非愚臣所能逆覩又言忠順王為賊臣虎仙等所困以計逼走造為

屬階茶毒國人謀叛君父時陸完在兵部寢其奏既而澤又奏稱
番酋畏威悔禍獻還城印遂取澤田京火信等至番賜幣番酋嫌
其賞薄虎仙仍許增一千五百疋
或云番酋有妹欲與忠順王為妻虎仙聞之乃說他只丁轉言
忠順王不知親信伊妹可與我為婚番酋不允發怒欲殺虎仙
虎仙聞之懼許送段子一千疋謝他只丁五百疋得釋
後番酋復占哈密索虎仙前許段疋虎仙先與百疋其餘待甘州收
拾送來　十年正月虎仙陰聽番酋同他只丁馬黑木來肅州近
搶掠王子庄苦峪赤斤等處四月朝議差馬馴同奄克虎仙賫送
勅書并賞賜至番撫取城印奄克懼番酋讐殺行至大草灘托疾

存住番酋受賜先將城池交與滿剌哈三掌管將金印交與馬訓等及差馬黑木帶領夷人哈丹等將帶方物寶石馬匹謝恩進貢又遣虎都寫亦監押虎仙取討前許段疋探聽消息虎仙推稱伴送公使避住甘州六月番酋又占哈密城　十一年四月牙木蘭誤劫甘州令夷人斬巴斯（思）等以書約阿剌思罕待番兵至時即與甘州關廂寄住田子放火開城斬巴思等藏番書入關被擒兵備陳九疇逐搜得虎仙日前謀造鐵盔四頂甲二副銅鐵砲七筒大刀四把其子米兒馬黑麻藏在酒主張子義家井內後番入寇至嘉峪關射死參將芮寧甘州大亂九疇遂殺斬巴斯（思）等八人番酋尋又求和且差頭目虎剌力帶領從人前來投遞番書歸罪虎仙

尋遂西去九疇乃以捷奏詳見土魯番傳中　上詔科道官往勘擬虎仙謀
叛律虎仙約賄偉臣錢寧揑詞具奏法司會問改擬奏事不實罪
虎仙與馬黑木姪婿米兒馬黑麻二人同名遂交結於寧俱送會同館
安歇虎仙等巧為蠱惑誘引上常幸會同館　十三年虎仙子與
姪婿以前所犯下甘肅鎮巡獄虎仙乃謀寄遣添歌乩兒番令來
乞和否則挑戰事發都御史鄧璋奏遣刑部陳郎中錦衣彭千户
往會勘馬黑木又與錢寧揑請帶同官校往肅州選取婦女幾致
激變地方虎仙與姪婿寅緣俱賜從朱姓傳陞錦衣指揮隨駕南
征　十五年陳郎中等擬添歌乩兒等坐絞馬黑麻等坐徒馬黑
木從陝西經往南京見上亦留隨從與虎仙等生事害人十二月

聖駕到京虎仙等仍住會同館　十六年四月太監秦文傳奉嘉靖
登極聖旨哈密及土魯番等處原差來進貢夷人該放回的照依該
部原擬賞例給與賞賜差人伴送回還其餘的着在會同館安歇
該管官員嚴謹關防不許縱容出入上又詔虎仙交通土魯番興
兵搆亂攙擾地方以致哈密累世受害罪惡深重魯經科道鎮巡
官勘問明白既而寅緣脫免錦衣衛還拿送法司查照原擬開奏
定奪於是法司復題查得虎仙止有一妻一妾與子馬黑麻住甘州
又一妾住哈密叅照虎仙本以西域狄夷濫膺朝廷品爵不思匡
輔哈密為國藩籬却乃潛通土番犯我疆圉妄許段疋致苟寧之
喪師誤為夷王逼忠順以失國攙擾地方為患多年交結權姦曠

卷十二　九　海學山房

誅二載所據本犯罪惡深重議擬前罪緣坐其家口籍沒其財產於法允宜本犯未到男宋兒馬黑麻藏兵甲於井中思乘時而搆亂遣家僮於徼外欲藉寇以復讐婿馬黑木誘令番酋奪占哈密城池率同他只丁搶掠近邊人畜所據各犯俱與虎仙罪犯相同亦當議擬謀叛之律其姪婿馬黑麻交結權臣傳陞近侍盡惑先帝潰亂天宗相應議擬奸黨罪名上從之虎仙尋斃於獄嘉靖三年馬黑麻繫行都司斷事獄中又於牢內藏刀送入糾同在監重犯陳淮等一十三人反獄持刀殺出將甘州右衛鎮撫監門打開劫出在監姦細夷犯虎兒班等越城而逃陳九疇并副使姚文淵遣人捕獲擬死未奉決單巡按御史盧問之恐其留為後患遂行

處決盧問之後被奏擅殺調外任用番酋以復讐為名聚衆三萬深入甘州屠戮其慘廷議絕之閉關三年乃復求通貢以願歸哈密城池金印為説而牙木蘭復與番酋相忤乃擁衆來降時災異求直言錦衣衛帶俸百户王邦奇疏曰我祖宗聖武英謀明見萬里謂哈密地方境接番夷為四面酋虜襟喉之地故立哈密國土以為中國腹心之寄一聞番夷有警有哈密必能預知令其傳報故中國有備而夷狄莫能為殃是以節年貢賜不絕兩國和好生民獲安又設潼關之禁不令興販以彰我國家賞賚之重而固夷北而之心其為邊備慮至深切遠矣百餘年來久安常治豈非職此遠自成化十年高陽縣伯李文曾征哈密行至瓜州而還亦未成功勞師傷財

原鈔白一葉
已補抄

不可勝紀弘治五年土魯番奪據哈密總兵官劉寧往征克捷保
障之功照耀古今具後撫鎮等官處置乖方行事過當因而人心
背向不同兼以廷臣謀議矛盾不一輒以省費勞師為言至誤大
計弘治十二年該巡撫甘肅都御史周季麟等處置夷情請復國
土以繼封爵誠為有見時兵部尚書馬文昇亦常以此地方之備
為慮今伏望勅兵部從公計議訪選謀勇將官審求復興哈密安
靖甘肅奇策長治以為生民保障之計再乞勅兵部移文甘肅行
鎮巡等衙門并行都司知會除忠順王并牙即逃去年久若再强
求尋取復立恐其又啓釁端密令差委親信能幹人員令其密切
體訪忠順王的派子孫星馳保勘前來以繼封爵以嚴邊備如此

庶皇上免西顧之憂而蒼生享太平之福矣詳具土魯番傳中刑部尚書胡世寧疏曰我太宗文皇帝雄武冠絶古今徼外四夷無不臣服是以北封元之遺孽阿魯台為和寧王馬哈木為順寧王西封脱脱為忠順王東北置奴兒干等都司衛所二百餘處皆以撫綏戎落藩屏中國至於南討黎季犛復中古國之地建立交址布政司尤為偉績宗宣以來黎賊復據

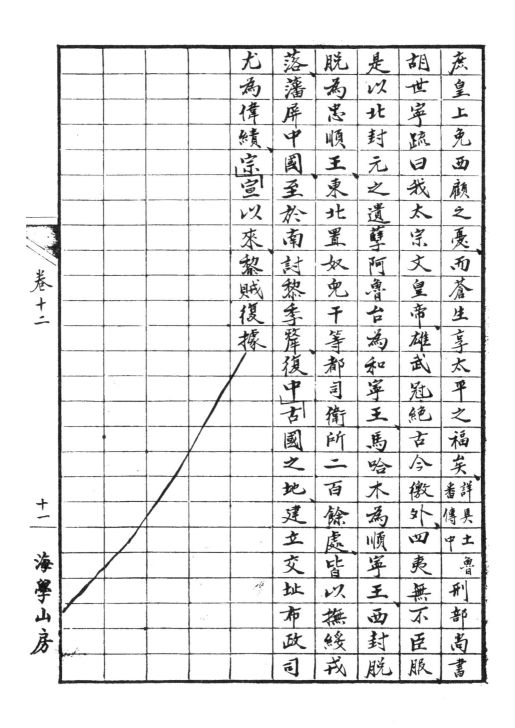

之地遺棄交趾殺官劫印不可勝紀阿魯台亦為馬哈木所併其東北各衛所衛亦皆兼并不常存亡莫考先朝皆置之不問蓋不勞中國以事外夷所以保我子孫黎民永固基業尤得古聖王推亡固存之道也乃惟哈密遠在萬里其王脫脫之後已絕自其主國王母以來三被土魯番殺擄占奪城池廷臣無敢直言請以先朝處外夷之法處之者乃強求其親黨曰罕慎曰陝巴而立之旋被占奪今其斷北狄右臂二以破西戎交黨外以聯絡戎夷而制其逆順內以藩屏甘肅而衛我邊郡古帝王置外夷安中夏之長策也自土魯番攻

注意〇〇〇
此頁應加在第十一頁後半頁第八行「其」字之下「斷」字之上、方能連續

民回回一種久附土魯番謀傾本國哈剌灰畏兀兒生達二種逃
附肅州依我存活不敢復歸其王拜牙即自願投附土魯番反欲
導彼入寇矣正德年間兵部奏差彭澤總督經略仍請勅一道齎
諭番酋欲其獻還哈密城印將送回其王矣拜牙即自願歸彼雖
令復守本城亦其臣屬也於我何益又勅一道令奄克回還哈密
與虎仙同守城池夫虎仙占據哈密而奄克避難來歸今使之還
是驅入虎仙口也一時臣失處如此彭澤素懷忠勇身任其事乃
亦依阿不行執奏苟且行事不終而還責以大臣體國之義不為
無罪也使今土魯番獻還哈密城池忠順王真有嫡派應立之人
朝廷與之金印助之兵粮數萬到彼為王誰與之守蓋不過一二

卷十二　又十一　勵耘書屋

年後為所奪益彼富強辱我皇命且使再得金印城池以為後日指勒求贖之計耳於我中國何益也臣愚欲乞聖明特與輔臣熟議今後哈密城池照依先朝和寧交趾捨置不問霍韜疏曰切照永樂年間封哈密為忠順王一以

陷哈密奪我金印據我城池歷年經月未見底定是以都御史陳九疇建議欲使獻還城池須令閉關絕貢蓋謂西番仰給中國惟通貢可交易貨物若絕不通貢則彼茶不得發腫病死矣欲麝香不得蛇蠱爲毒而麥禾無收矣是故閉關貢所以扼西番之咽喉而制其死命矣惟彼貢路不通死命不救遂常擧兵入寇擾我甘肅邊臣欲求與成故昨復有通貢之請奉旨若土魯番有悔罪眞正番文還哈密城池人口即許通貢是我聖上因通貢之機廣遷善之路此中國待夷狄之體也今聞土魯番求貢尚書王瓊譯進番文一十餘紙俱裔夷小醜之語無印信足徵之詞則土魯番未有悔罪之實可知也未悔罪而遽許通貢我心益驕後難駕馭而

邊患愈滋矣此其可慮者一也雖棄哈密可也臣則曰保哈密所以保甘肅也保甘肅所以保陝西也若曰哈密雖守則棄哈密甘肅雖守而亦棄甘肅可乎周棄甘肅遂棄臨洮寧夏可乎西北二邊與虜為鄰退尺寸則失尋丈是故疆埸棄守之議不可不慎也聖明在上蒞中國撫四夷追復帝王之盛以增光祖宗乃輕棄祖宗疆埸可乎或曰漢棄珠厓宣德間棄交阯不可也耶臣則曰北狄南蠻體勢則殊珠厓交阯吾欲棄之置之化外而已彼不吾毒也若西北二邊則據險以守我一失險則虜必據之矣虜人據險中國大患無窮矣宋人西失寧夏北失幽燕國遂不振然宋人且以漢棄珠厓藉口是其學術誤天下也可不戒乎且交阯自秦迄唐

注意○○○
此頁應在第十二頁後半頁第一行「也」之下「雖棄」之上。

哈密城池雖稱獻還乃無番文足據不知後日作何興復或者遂有棄置不問之議夫土魯番之無道也圖哈密久矣我遂棄置不問彼愈得志將劫我罕東誘我赤斤掠我瓜沙外連北夷內擾甘肅而邊患遂熾矣可虞者二也牙木蘭者土魯番腹心也擁帳三千稱降於我然在牙木蘭則曰來降在土魯番書則曰不知彼去向以事理觀焉豈有擁帳三千遠來欵塞而土魯番不知者安知彼非詐降以餌誘我耶他日犯邊則曰我納彼叛人彼來報復也又曰我不歸彼叛人故彼不歸我哈密也則哈密永無興復之期矣彼擁衆難遣而我之邊患愈無休息可虞者三也牙木蘭之降也廩餼口食仰給於我費已不小猶曰覊縻之策不得已也若土

魯番擁兵扣關稱取叛人將驅牙木蘭而與之耶彼則詭曰降以投生也今出則死而不肯去矣將從而納之耶臣恐為內應而有肘腋之憂土魯番擁兵於外牙木蘭為變於內甘肅危矣可虞者四也或曰今陝西饑荒甘肅孤危尚慮不保

預知爲而假以便宜之權可也或

入中國爲衣冠文物之邦者千年矣非上官州郡化外之夷之比也楊士奇援漢棄珠厓例欲舉板圖十郡之地棄而不顧所謂若考作室乃弗肯堂者也又足法乎或曰哈密自成化九年失之二十年收復弘治六年失之十一年收復正德六年失之而襲封忠順王者且降於土魯番矣今雖收復還之將恐無人與守勞中國以事外夷非計也臣曰保全哈密則赤斤罕東聲教聯絡西戎北夷狄並受制馭若失哈密則土魯番首併吞諸戎勢力明大而我之邊患明深矣是故保哈密所以保中國昔者太宗皇帝之立哈密因胡元遺孽力能自立故遂立之彼借虛名而我享實利今哈密之嗣三絕矣天之所廢誰能興之議者必求哈密之後而立焉亦

此飛白一葉
已補

見其國也苟於諸夷中求其雄傑足以守城池護金印戢諸夷修
貢賦力能自立者即可因而立之固不必求胡元之孽而立也或
曰弘治六年土魯番酋要我封爵求王哈密矣然則此時何不因
遂立之乃求胡元遺孽而立啓數十年之紛紛耶臣則曰土魯番
酋志吞哈密并為一國則將遂霸西戎而連北狄此時若假之封
爵是虎而借之翼者拆為兩國而控制之可也今宜速遣間諜告
諸西戎曰中國閉關絕貢非爾諸戎之罪也土魯番不道滅我哈
密蹂我疆埸將與問罪之師焉故先閉關制其死命爾諸戎無罪

不得通貢實土魯番之故也有併力殫心共滅土魯番者即封為
忠順王授以金印以主西戎及諭牙木蘭曰爾舊土魯番之腹心
也今降則我中國之藩翊矣爾力能立於哈密乎即以封爾三年
之後爾能和輯哈密即授爾金印為忠順王長為中國屏衛則主
哈密者雖前元之裔亦不失為中國之體矣權以通變宜以趨時
是固邊將之任閫外之責朝廷勿

曰今日忍棄哈密豈得已也甘肅連歲凶荒軍士枵腹救死不贍在甘肅且凜凜何有於哈密昔我太宗皇帝之供邊也悉以鹽利其制鹽利也鹽一引輸邊粟二斗五升富商大賈悉於三邊自出財力以招遊民自懇邊地以藝菽粟自築墩臺以立城堡歲時無饑天順成化年後遂變其法凡商人種鹽悉輸銀於戶部邊賈耕稼積粟於無用遂散業而歸鄉土墩臺遂日頹壞城堡遂日崩拆遊民遂日離散邊地遂日荒蕪生齒凋落地方困敝千里沃壤莽然蓁墟稻米一石直銀五兩此皆鹽法更變之故也然安邊足用之長策莫善於太宗之鹽法矣今宜勅問兵部曰土魯番叩關求貢有何可驗印信悔罪番文牙木蘭來降真偽并哈密城池有何

料理收復務出萬全之策勿隨狄戎之謀再勅戶部曰甘肅邊粮累年缺乏若何而為目下賑救之方若何而為經久饒贍之策詳畫上聞取裁聖斷臣愚且見中國尊安區區裔夷向背付之邊臣一叱咤而定矣不煩聖明轉側西顧之憂也時提督三邊尚書王瓊力主興復哈密且請撫馭散亡屬番以安邊境行令陝西兵備趙載遊擊將軍彭濬同撫夷官指揮劉雲等查得哈密衛離肅州一千五百餘里忠順王名速壇拜牙即（正德八年）投順土魯番至今無人承襲本衛都指揮四員一員奄克掌印（正德八年）投肅州東關寄住奄克故其長子襲亦故弟乩告孛剌襲見存一員虎仙（正德六年）十死于刑部獄中長男馬黑麻（嘉靖二年）甘州處決無嗣一員滿剌哈三故

絶一員失拜煙荅死于肅州其妻見住甘州北關長男馬黑麻嘉靖三年西安府處決次男馬黑木見在哈密未襲所管畏兀兒一種已襲職普覺淨修國師一員都指揮指揮使指揮同知指揮僉事所鎮撫其七員各驗有授職勅書未襲職正千戶一員原授職勅書被賊搶去都指揮指揮指揮使千百戶鎮撫九員僧綱司都司二員各授職勅書收貯前項哈密衛所管畏兀兒一種部下男婦共三百七十名口又有哈剌灰一種已襲職指揮同知一員驗有授職勅書未襲職指揮同知指揮僉事千戶鎮撫共十三員各授原職勅書收貯前項哈密衛所管哈剌灰一種部下男婦共五百一十名口及審據各夷供稱見在哈密衛未襲鎮撫等官二十四員職名

未能畫記請令聽其承襲兵部尚書胡世寧議謂哈密等衛屬夷未曾襲職者查驗先年受職勑諭如果真正及的親相應承襲子孫別無違碍責令本族夷人自相保勘取具承襲的名具由奏繳換給誥勑准令襲職且免其起送赴京新勑費給收領就將舊勑照例拘收到官兩相交付差官進繳通候年終會官燒毀至於米兒馬黑木兒原以叛逆受罪其身家見附土魯番服屬合無待候哈密興復而彼仍屬本國然後聽襲亦未為晚上從之自王瓚撫處之後哈密稍稍自立朝貢時至迄今不絕其俗性獷悍回回韃韃畏兀兒雜處故衣服異制飲食異宜其山川曰天山在哈密城北一名雪山匈奴過之必下馬拜曰望鄉嶺嶺上石龕有李陵題字處曰畏吾兒河沿沙河柳葉鬱其塵馬蒙

駝玉石鑌鐵有礪石謂之喫鐵石剉之得鑌鐵稌米豌豆麥大尾羊羊尾大者重三斤小者一斤肉如熊白而甚美楸子胡桐律陰牙角香棗其貢馬駝玉速來蠻石青金石把咱石鐵器諸禽皮等物其朝貢每三年一期八月初旬驗則入其入多不過三百人其入關至京起送三十人成化元年令其域南至沙州西抵交州北連瓦剌東南肅州

許論兵部尚書甘肅邊論畧曰甘肅即漢之河西四郡武帝所開以斷匈奴右臂者蓋自蘭州為漢金城郡過河西而歷今紅城子莊浪鎮羌古浪六百餘里至涼州為漢武威郡涼州之西歷今永昌山丹四百餘里至甘州為漢張掖郡甘州之西歷今高臺鎮夷四百餘里至肅州為漢酒泉郡肅州西七十里出嘉峪關為故沙

瓜二州地緣赤斤苦峪以至哈密等界則皆漢燉煌郡也與前四郡皆隸甘肅鎮洪武五年宋國公馮勝取河西定以嘉峪關為界而棄燉煌為東自莊浪岐而南三百餘里今為西寧衛在古曰湟中中自涼州折而北二百餘里今為鎮番衛在古曰姑臧此河西地形之大畧也夫以一線之路孤懸幾二千里西控西域南隔羌戎北拒胡虜經制長策自古為難山勢曠遠中間可以設險之處居多洪武五年設甘州等五衛於張掖設肅州衛于酒泉設西寧衛于湟中又設鎮番莊浪二衛又于金城設蘭州衛皆置將屯兵拒守嘗考之漢宣帝命趙充國將兵討羌充國奏曰願留步士萬人屯田部曲相保為塹壘木樵校聯不絕便兵戍飭鬭其謹烽火通勢并力以逸待勞兵之利者也今日守肅甘之臣推以充國為法斯得矣壘木樵即高樓也況茲凋弊之餘非豪傑任事之臣其孰能為且哈密甘肅之藩籬諸番之領袖成化

以設險之處固有不難

以來陷於土魯番興復建議至勤累朝顧在今日有難者二有
當緩者四不可例以往日何也哈密累敗之餘喪亡畧盡今縱
復國彼豈能固守此一難也興復哈密曉諭土魯番不從必煩
討而後可試言今日鎮兵可復能為深入之事乎虛喝謾恐難
以震動此二難也往建哈密以其能制諸夷為藩蔽也今不能
矣立之何益是故盛衰之會殊強弱之形異哈密者昔為要區
而今為散地當緩一也哈密其君身事仇國轉徙之衆亦已長
子孫是彼無共天之義而忘之反遺我同舟之急而求濟此何
為乎當緩二也　累朝以哈密之故勞費萬狀議論無已是以
番賊視之為奇貨以為中國不可一日無哈密也今日索金幣

明日求進貢今日送金印明日還城池假令自今不復言哈密事彼當何為乎以為將遂有哈密也則豈待中國棄之而後取之以為不能則哈密猶舊也況吾閉關絕貢可以制諸夷之命當緩三也赤斤蒙古安定曲先等衛亦皆中國藩蔽赤斤等衛破於土魯番定安等衛破於亦不剌何不聞為彼恢復而切切於哈密乎當緩四也審於六者之間則哈密可復不可復宜復不宜復圓機之士必當破衆說而達長策矣至於亦不剌者逃自漢北蟠據青海為西南患頃歲已許内附尋因其敗弱而棄之頗為失計何也甘肅之患北虜倏去倏來者南羌特坐守之夷耳惟土魯番近歲兩犯甘肅累肆荼毒漸不可長若收西寧

海虜置之哈密近境結以恩德令其西制土魯番北控瓦剌此千載一時也倘有成績即令職西域之貢何用不可議者祇恐別生事端而不思遠地無干祇云夷心叵測而不知窮虜易用視今日自據西邊併吞敦番而散處河岷何如耶矧以虛縻而得實用借虜地為干城其得失利害不言可知又今河西屯田敝矣何者二千里內計丁僅一萬七千耳防守不設耕種難也累遭殘破生聚難也朘削無已休養難也是故人益貧口益耗食益歉兵益弱而屯田益不興矣近日差官添築新堡廣招佃種似矣豈有舊堡未充而更能實新堡者乎豈有不為防守而敢遠耕者乎豈有將不休養而人得生聚者乎又譬之家政農桑

薪水賓客祭祀之類動必相連豈有餘事皆廢而一事獨舉者乎是故有將而後有兵有兵而後有人有人而後有土有土而後有財有財而後兵益張屯益舉矣他如李淮之議曰欲將見堡量給以馬無事令其瞭望而耕云有事得以聯絡而馳逐極溺救焚此其近策矣蘭州舊有管糧郎中而不司支放與實大事體少異已失事宜或又令其歷在催徵不更遠乎若以省參一官專駐蘭州以督邊課如近時山東河南京運事例而移郎中於甘州如實大例則督察歸於戶部催科便於本省是或一道也西寧凡控十三番族四堡六千戶所亦要地也不令屬莊浪參將而別為一鎮設官易瓚之議良是然

國初建寺立僧

14

以夷治夷之法今有講其故者乎西域來貢番文動數百紙許冒相仍者多若給符限年勘以名數庶可久可繼之道也

殊域周咨録八

勵耘書屋

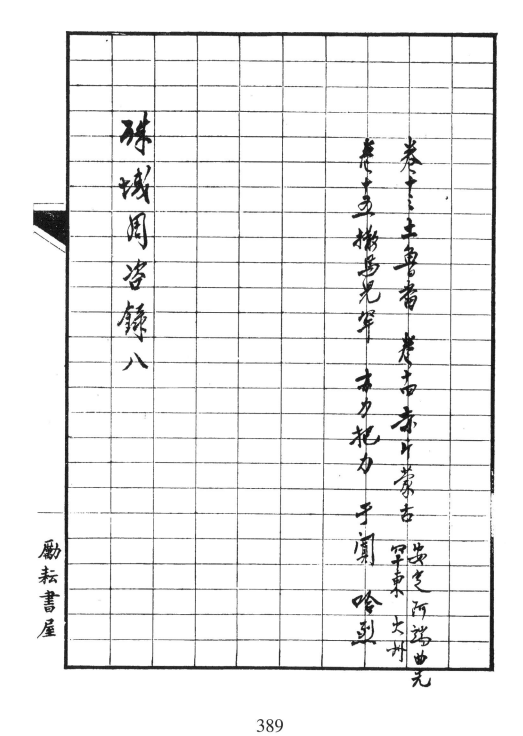

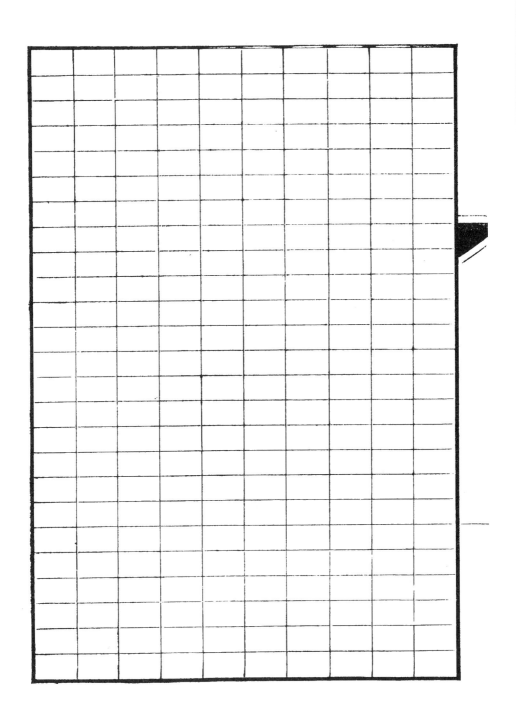

殊域周咨錄卷之十三

行人司行人刑科右給事中嘉禾嚴從簡輯
揚州府學訓導彭天翔　侄嚴翼
江都縣學訓導王三汲仝校正　嚴靖仝校

西戎

土魯番

土魯番在今火州城西百里舊隸其部唐交河縣地也本朝永樂中親征北虜常過其近境見水齧沙出有碑曰唐之交河郡上諭金幼孜等曰此在今為哈剌火州因兩河相交故名耳

按成祖出塞俱從宣府之路未嘗至其地北征錄言至其近境

然相去亦尚遠也

宣德五年萬戶賽因帖木兒遣使貢馬及璞玉以後常貢但西域諸國惟此番最強盛每侵凌他邦成化九年其酋速壇阿力（後止稱阿力二字）作亂入哈密執其國王母并金印虜去奪占其城上命都督李文通政劉文往撫處調集番兵往剿苦峪不敢前進追徹師回畏失頗衆自此其酋漸輕中國之兵矣阿力竟留王母金印益侵我城郭諸處 十八年阿力病故弟速壇阿黑麻立（後止稱阿黑麻）甘肅守臣乘間奏立王母之甥罕慎為都督遣使送入哈密 弘治元年阿黑麻稱罕慎非脫脫族何得王哈密哈密我當王欲殺罕慎畏未敢發乃為好語紿罕慎曰吾為爾聯姻爾為王益安無外侮

罕慎喜許之阿黑麻至哈密誘罕慎頂經結盟遂殺罕慎亦未敢顯言據哈密即遣使入貢言罕慎病死國亂乞遣大通事和番立我為王居哈密領西域職貢兵部尚書馬文陞言外虜夷北最強屢入貢乞通使我不聽阿黑麻小夷且與哈密各有分地不可輙通使亦不得王哈密彼若入貢我亦不拒請勅阿黑麻諭令送王母及金印還哈密

四年遣哈密頭目冩亦虎仙齎勅諭阿黑麻阿黑麻以金印城池來歸遣使朝貢厚賞之文升言哈密有回回畏兀兒哈剌灰三種共居一城種類不貴不相下北山又有小列禿野也克力數種強虜時擾哈密必得元遺孽嗣封理國事庶可懾服諸番乃立安定王族孫陝巴為忠順王

五年阿黑麻入哈

密殺虜陝巴及金印去內閣丘濬謂文升曰哈密事重須公一行文升曰方隅有事臣子豈可辭勞但西域胡賈慣窺利不善騎射古未有西域能為中國大患者徐當靜之濬曰有識言不可不慮文升請行諸大臣不可請勅兵部侍郎張海都督侯謙行視經畧時阿黑麻貢使寫亦滿速兒等在京師命海至河西令夷使二三人與邊上通事致勅諭阿黑麻歸陝巴金印諸夷使爭欲去海不可乃遣哈密夷人以勅往阿黑麻竟留不報海不得已修嘉峪關捕哈密奸回通阿黑麻者二十餘人戍廣西請絕西域貢七年春海謙不奉命輒還朝上怒逮下獄降海山西參政謙奪俸間住文升言土魯番恃其強悍哈密奸回又反復欺負中國不懲創彼益

輕中國請安置罵亦滿速兒等於閩廣閉嘉峪關絕西域貢令諸夷歸怨阿黑麻當是時西域諸夷皆言成化間我入貢皇帝先遣中貴人送我河南至京宴賜甚多今皇帝不撫我我泛海萬里貢獅子謂我開海道却不受即從河西貢者宴賞亦薄天朝棄絕我相率從阿黑麻且拒命中國無奈我何哈密奸回又阿附黑麻阿黑麻遂入復哈密自稱可汗大掠罕東諸夷誅言糾夷數萬用雲梯攻肅州且蹂甘州報至文升曰彼虛聲挾我也土魯番至哈密十數程中經黑風川哈密至苦峪又數程皆無水草貢使往返皆馱水行使我謹烽火明斥堠整兵以俟彼至肅州我以逸待勞縱兵出奇一擊必使彼隻馬不返已而阿黑麻西去令頭目牙蘭以

二百餘人據哈密文升曰非用陳湯故事此虜終不畏文升召肅州撫夷指揮楊翥王京撫其背曰汝諳夷情知西域道路　主上今欲擒斬牙蘭汝計安出翥曰此賊黠非襲之不可罕東至哈密有捷徑可進兵兵可不十日至文升曰余欲選罕東兵三千為前鋒我兵三千殿後各持數日熟食兼程襲之何如翥曰善　八年令河西巡撫許進調兵食遣副總兵彭清統精兵三千由南山馳至罕東即調罕東諸番兵乘夜倍道襲牙蘭是冬進及總兵劉寧率兵肅州久駐關外候罕東兵不至乃出大路乏水草行不能速牙蘭詗知遁去我兵入哈密斬首六十得陜巴妻女獲牛羊三千哈密脇從者八百餘人皆不殺携以歸住西徼上師還糧乏士馬

亦多物故然西域自是知畏中國文升言兵雖抵哈密然未獲牙蘭首功亦少進寧及太監陸誾不遵節制徒取空城無益邊事獨軍士遠征勞苦宜陞賞（牙蘭即牙木蘭也）上念邊臣出塞有功加誾歲祿二十石寧陞左都督加俸百石進左副都御史清都督僉事　九年阿黑麻又襲破哈密令撒他兒及奄克孛剌住剌木城奄克孛剌密結瓦剌小列禿襲斬撒他兒奄克孛剌還守哈密阿黑麻遣人圍哈密哈密人舉火小列禿見之來援退走守臣奏乞令羈留貢使往諭阿黑麻納款文升曰阿黑麻未見遣使上款書不許是秋進改陝西巡撫　十年秋阿黑麻令人送陝巴還哈密其兄馬黑上書言西域諸國不得貢怨阿黑麻令悔過乞許與黑婁諸國

入貢及還寫亦滿速兒等文升言此虜挾詐俟陝巴金印至甘州
取寫亦滿速兒等於闐廣是冬命總制王越經畧土魯番哈密
十一年越出河西取陝巴至甘州令哈密三種都督回回寫亦虎
仙畏兀兒奄克索剌哈剌灰拜迭力迷失佐陝巴復封為忠順王
取寫亦滿速兒等發歸其國時哈密三種人久苦土魯番不願還
文升請許半留肅州往來自便 十二年春陝巴至肅州畏番虜
不肯出關守臣遣參將率兵護行又賞赤斤蒙古諸番令遂程防
護至哈密是夏寫亦虎仙致賞賜於土魯番諸夷使入京朝貢
十三年阿黑麻及黑婁諸國皆令人入貢 十七年哈密奸回阿
孛剌有怨於陝巴乃稱阿黑麻次子真帖木兒為罕慎外甥當襲

罕慎王爵乃往迎之頭目者力克哈陝巴棄城走沙州真帖木兒
兒阿黑麻原擄罕慎女為妾所生也年十三不肯來哈密哈密人曰陝巴走哈密
城地空恐為野乜克力達子所據真帖木兒始至剌木城其兄滿速
兒乞守臣令人來守哈密真帖木兒自剌木城入哈密守臣令官
舍董傑及奄克孛剌往哈密撫夷衆諭迎陝巴還阿孛剌不聽必
欲立真帖木兒為王奄克孛剌與傑等擒殺阿孛剌等六人餘黨
畏服守臣令都指揮朱瑄率兵送陝巴入哈密撫送真帖木兒還
土魯番時阿黑麻已死其子速壇滿速兒後止番前酋親新立諸兄弟相
讐殺真帖木兒懼不敢歸乃曰奄克孛剌我外祖也願依之暫住
哈密朱瑄恐陝巴懷疑生變擕真帖木兒羈住甘州

正德元年

陝巴死，其子拜牙即嗣封。幼弱，守臣恐帖木兒復來哈密，留之甘州不遣。番酋所親信牙木蘭娶火辛哈即（哈密人也，後止稱哈即）女為妻，與寫亦虎仙（哈密人也，後止稱虎仙）之妻兄弟也。牙木蘭又以妹嫁哈即姪亦思馬因，而虎仙亦以女嫁火者馬黑木（後止稱馬黑木），互結姻戚。哈即弟阿剌思罕兒（後止稱思罕兒）等與虎仙及伊子婿俱因進貢，各在甘肅關廂置產久住，往來以貢為名，騷擾驛遞，生事害人。

三年，番酋（即滿速兒也）與忠順王（即拜牙即也）之討真帖木兒。兵部尚書劉宇曰：是謂質其所親愛，不許。

五年，真帖木兒走出甘州兵部尚書城，追而獲之。

六年，守臣請歸真帖木兒。兵部會議，請勑宴真帖木兒及番酋與忠順王并其頭目。

七年冬，詔差哈密三都督奄克孛剌、寫亦虎仙、滿剌哈三送真帖木兒回完聚真帖木兒久住甘州深知風土言其城南黑水可灌及有夷使傳說甘肅荒旱饑窘人死亡且半城堡空虛番酋乃謀侵犯中國虎仙等遂為留用忠順王（以後稱王俱拜牙即）又被奸回誘引與番酋結好遂往投順土魯番番酋乃令他只丁入哈密取金印他只丁又令哈密火者馬黑木（哈密都指揮也）等至甘州寄賞且言忠順王棄國從番乞即差人守哈密巡撫趙鑑謬謂番酋忠義令他只丁等代中國守城勤勞差撫夷官送番酋金幣二百明年正月撫夷官總至哈密番酋以己率衆亦至分據剌木等城日夜聚謀侵甘肅又索段子萬萬疋贖城印且言如不與即領兵把旗插在甘州門上總制鄧璋乃請官經略命兵部尚書彭澤奉敕

往總都軍務澤請勅二道一候有番使之便齎諭番酋還哈密城印一諭奄克孛剌（哈密都督也因其王投番乃逃任甘州後止稱奄克）回國與虎仙等守城彭澤調延寧等處軍駐甘州十年番酋遣他只丁牙木蘭同虎仙馬力乃翁馬黑木等至肅州近邊搶掠赤斤等處人畜千計聞彭澤軍在不敢深入假寫番文稱被赤斤搶了貢物與他報讐不敢侵犯甘肅只討些賞賜回去彭澤不察其詐將前諭番勅書不伺番使齎去即措段絹褐布共三百遣馬驥與通事火信撫夷百户馬昇并馬訓捧前勅二道同馬黑木虎仙等到哈密邀他只丁同往土魯番他只丁嫌賞薄先將金印與虎仙哈三等及將所掠去赤斤銅印一顆付馬馴等議遣驥并火信持回添取賞賜他只丁

方同馬馴等至土魯番將勅書原賫段絹等班賜其酋彭澤遂奏稱甘肅兵粮頗集道路開通土魯番雖欲侵擾甘肅決不可得今又差官往諭歸還城印地方安靜乞要放歸田里蒙旨未允火信等回甘州納撫還赤斤銅印并報添取賞賜彭澤又備羅段褐布共一千九百銀壺銀盤銀臺盞各一副令火信等復持往諭澤遂奏遠夷悔過獻還城印詔取回京火信又持添賜物件往彼番酋復嫌少虎仙自許其酋段一千疋他只丁五百方允具本復遣馬黑木隨赴京回奏將金印與虎仙城池暫令哈三守掌後哈密使人俄六思等送至番文稱番酋索要虎仙前許段疋有哈密大小頭目共賸段一百疋馬一百匹牛一百頭羊三百隻交與他只丁總

督都御史李昆議稱本番乘機射利納欵希恩宜量倘就番酋又
遣虎都寫亦後止称寫亦他只丁亦差伊弟撒者兒等前來送印并押
虎仙取段疋同馬黒木等及各國夷使將帶方物馬疋進貢謝恩
虎仙哈三亦差伊衛夷人馬黒麻等各帶方物馬匹進貢驗送赴
京李昆與鎮守太監許宣總兵徐謙因忠順王仍被拘未回訪知
寫亦係番酋親信頭目撒者兒係他只丁親弟乃拘留為質仍移
檄番酋稱寫亦等差往陝西催儹先年貢使回日發歸仍賞織金
綵段洗白梭布共三百件令其送忠順王還國正德十一年虎仙
續報金印已歸城池未與番酋索要段子兵部議謂彭澤李昆皆
奏城印已歸今則謂止歸金印他只丁尚在哈密索段幣恐虎仙

與他只丁彼此隱瞞要求重利致生他虞請行鎮巡等官從長議處既不可嚴峻拒絕激變夷情亦不可示弱輕許開啓弊端其番商果來效順進貢到邊照依舊例放入加意撫待詔從之李昆許宣徐讒乃會奏請勅二道曉諭番商及他只丁仍各量備織金綵段絹疋賫去撫諭令忠順王還國番商以虎仙失信并拘留夷使為詞遣他只丁牙木蘭復占哈密兵備陳九疇因番商侵犯將前勅書二道停留請留止操練軍馬相機剿殺許宣史鏞李昆從其議牙木蘭先令回子倒刺火者往探被獲又遣夷人斬巴思俄六思等帶馬駝牛羊假以貿賣為名將番文往關內與思罕見探信既入關陳九疇疑斬巴思有詐搜獲原書譯出其情內多隱語處

恐通謀生變當捕思罕兒同斬巴思等下獄責令通事毛見毛進呂成防守見進俱素與斬巴思情熟乃約虎仙部下纏頭漢回高彥名同宿商議打奪斬巴思等出城令高彥名備辦酥油羊肉二皮袋毛見毛進又將盔甲弓箭各二付寄在張子義家候賊到穿用番酋與他只丁遂舉兵至鉢和寺史鏞等差甘州衛夜不收顧十保往肅州探息參將蔣存禮與陳九疇未知賊兵多寡恐粮饋乏甘州軍至不能供給乃請甘州軍馬且不必動史鏞輕聽不先發兵應援番賊到嘉峪關經平川墩陳九疇蔣存禮與遊擊將軍芮寧議留遊兵都指揮黃榮守城約於明日巳時出兵芮寧先於卯時統軍從南門往西約行十里地名沙子壩遇賊騎一千陸續

添至三千芮寧三次遣夜不收杜阿丁等馳報到城蔣存禮延至巳時方與指揮董傑同奄克從北門出至高橋兒遇賊對敵間陳九疇聞賊勢衆大又恐城内寄住夷人變亂將各夷男子隔在閣廟婦女收入城内防守至申時賊將芮寧射死及殺指揮楊松等時都御史李昆往西寧撫番未回九疇見官軍衆敗虜恐肅州寄住赤斤畏兀兒等處夷人數多乘機作亂與蔣存禮議將獄中番使斬巴思俄六思并高彦名毛見毛進呂成倶赴街市焚香告天杖死仍拘各夷奄克也先哥等諭令堅守臣節毋生異謀陳九疇復將斬巴思等帶來牛羊變賣價銀易買布疋存䘏陣亡官軍李昆到莊浪岔口驛得報兼程前進至鎮會同許先議恐賊犯甘州

拘收人畜增置戰具番賊攻閙亂骨堆西店子堡殺死男婦王祥等史鏞鄭廣各領兵進到肅州賊又攻閙中截半坡二堡殺死千百户傅成陳九疇會同史鏞鄭廣并蔣存禮議有哈密北山乜剌達子係奄克姻親世與土魯番有讐令其往誘使搶殺土魯番城可以致彼掣回還遣哈剌灰夷人添哥乩兒的等往乜剌（後止稱添哥）陳九疇欲量給賞無措乃於虎仙名下勸罰段子二百七十疋絹一百七十二疋銀一百六十兩梭布一百七十七疋馬五匹羊一百隻失拜烟荅（亦哈密頭目也）名下勸罰段子五十一疋絹一十疋銀六十四兩馬一匹羊一百七十隻給賞番漢官兵及與添哥齎賞乜剌及令奄克自寫番書諭彼頭目也力滿可等舉衆搶殺番地又

給與操馬二十二匹騎坐前去賊又攻開大莊堡殺死千户王標
時有赤斤番人且宗爾加等報稱土魯番留下老營在瓜州駐劄
陳九疇史鏞議令千户張英管領赤斤哈剌灰番夷也先哥等五
百餘人前往撲殺賊從迤南山後進至甘州李昆許宣會遣都指
揮楊時等拽載兵車鎗砲截殺賊見官軍勢重衆引去李昆等亦恐
甘州藏有姦夷内應將虎仙撒者兒馬亦及各家屬并各起夷人
四十四名俱捕下獄番酋遣朶撒哈及把都兒乞和且稱俱是虎
仙弄禍史鏞等訪得朶撒恰乃番酋親近頭目拘留之將把都兒
放回令其傳諭務將搶去軍馬器械人畜盡數送來方纔定奪也
先哥等人馬撲到瓜州將番酋留兵營帳攻斬首級二十一夥顆失

拜烟答病死賊起營西去史鏞督令鄭廉蔣存禮追至境外沙溝各斬賊首級正德十二年正月擊兵進城議將番兵奪獲頭畜仍給番兵充賞時添哥等亦至北山瓦剌屬營將銀牌段布賜賞其頭目也力滿可并把𦖋等大喜聚衆往番攻奪其三城番酋回至王子莊得報痛哭而歸且怨恨牙木蘭失事也添哥還報亦獲回賊及達子首級許宣史鏞李昆奏捷上命給事中黄臣會同巡按趙春行委陝西參議施訓副使高顯僉事董琦勘問將虎仙問擬謀叛具奏虎仙訴行肅州兵備再審奄克恐其脫放乃告虎仙及其大人哈即搆引土魯番擾事今不曾正法恐貽後患時番酋行賂中朝嬖人錢寧謀反其獄且欲誣殺九疇以洩其忿乃令失拜

烟荅之子米兒馬黑麻直人東長安門捏奏伊父出城殺賊頭上中箭走回被陳九疇責打身死詔提解虎仙等到京會審正德十三年黄臣等奏勘過甘肅鎮巡官拘留夷使朵撒恰及虎仙等招由兵部尚書王瓊奏彭澤故違勅旨擅備賞物輕出講和擅增叚絹又不候差去人回處置停當妄奏而夷就降事已寧息致蒙取回陳九疇惟知講和之為非不思中變之為害擅議拘執夷使因而激變疑有姦夷交通多無指實李昆既聽彭澤之講和而奏討勅賞又因九疇之辨論而停留勅書持疑二端釀成大患上詔彭澤先革職為民李昆陳九疇及史鏞蔣存禮等損折官軍各提解到京問理刑部會同三法司將蔣存禮等并虎仙等譯審虎仙翻

海上絲綢之路文獻集成　歷代史籍編

異原情改擬奏事不實律参看得蔣存禮防邊不固致寇内侵告急不援擁兵自保史鏞韜畧罔著守備素疎敵至而策應已遲寇去而追擒不力以致官軍殺死數多人畜驅掠殆盡許宣李昆當重鎮而經略不密總諸軍而督調欠嚴拘留夷使停止勅書處置乖方重貽邊患陳九疇濟軍需而科罰財物狥己見而議留勅書拘因貴官因而致死執我夷虜事涉擅專但史鏞到任未及三月猝遇強虜侵犯計程往返千里亟難整兵應援蔣存禮部下之官軍八百城外之夷虜數千彼此相當衆寡不敵及查得蔣存禮督併番漢官軍斬獲回賊首級五十八顆而史鏞主將亦與有防陳九疇誘使各種夷人搶殺土魯番人畜千百有餘而蔣存禮協謀

亦當效力其許宣李昆各能張大軍聲增完邊備西遏回虜東保
鎮城陳九疇首建外夷相攻之謀大有中國用兵之費又能抗方
張之冠全已危之城功過亦有辦黄臣趙春勘事不審情罪有違
上詔蔣禮史鏞降二級蔣存禮降三級各帶俸差操李昆也從輕
降二級别用昆降浙江副使許宣著間住陳九疇爲民時彭澤九疇幾至問死黄臣
趙春對品調外任米兒馬黑麻爲奴詐冤得寬免問其餘夷人但
犯不應罪名的俱免運炭時土魯番貢使至京兵部請繫獄輔臣
梁儲不可乃止十四年都御史鄧璋奏土魯番六次悔罪請和入
貢合當隨宜撫處兵部尚書王瓊議稱若終拒絶不許來貢恐非
撫馭外夷之道請將在京番使馬黑麻等及哈密年例進貢夷使

分為幾運伴送甘州連存留在彼同起貢夷打發出關見監夷人朵撒恰等俱准放回會題留止不出後兵部伍疏甘肅去京往回萬里事久不決必生他虞徵調官軍騷動邊境實非細故早賜宸斷上不荅鄧璋見夷使久候恐又生變議差通事虎得山同夷人馬黒麻齎諭番酋以取搶去人畜為名實欲慰安其心正德十五年正月本酋送還原搶鎮撫程肅等五十九人并遣使帶馬駝復來進貢十六年五月兵部再議得土魯番酋聽信姦夷虎仙等誑誘人冠鎮巡等官因將差來親信頭目朵撒恰等羈留不遣節次卑辭祈請近奉明旨放回已足慰其想望若遂許其通貢恐彼悔悟未深和好難久詔是之通行但回嘉靖元年二月番酋又遣夷

使將方物慶賀進貢鎮守衙門奏行兵部議得本番祈請頗切若復不納恐失制馭蠻夷來則不拒去則不追之道詔土魯番并撤馬兒罕等處差來夷使著分定起數陸續選委老成的當官員伴送來京嘉靖二年虎仙復論斬罪死於獄中王瓊謫戍彭澤以兵部尚書致仕李昆起為兵部侍郎陳九疇亦以薦起用復為甘肅巡撫都御史時土魯番復謀入寇九疇得報上疏曰臣得總兵官武振病故臣會同鎮守太監董文忠議得前項走回夷人供報番酋調集人馬要行奪取甘肅地方等情雖係傳聞之言然據理原情似為不虛何則番酋聽信往來進貢姦回之言備知中國地方虛實強弱之情恃彼雄長西域前驅列國之勢其立馬天山投鞭斷河之

意蓋勍虜於胷中久矣往年犯邊所以未逞其志狼狽而歸者蓋
以來非其時卧雪齧冰之賊不能勝屋居火食之主勢使然也今
乃當吾麥堆場糜穀棲畝農人野處之際卒忽而來是將因粮
於我坐困我邊也防範機宜曷可須臾少緩乞勅兵部仍再速行
陝西延寧三處鎮巡官將各邊遊兵人馬作急催促前來本邊聽
臣等分布併力捍禦再勅戶部議發內帑銀十萬餘兩委官押運
前來糴買料粮草束供助軍餉後失拜煙荅子米兒馬黑麻皆論
死三年土魯番酋大舉入冠甘州上命陝西延寧鎮巡官并莊浪
副總兵魯經各選調遊奇官軍推委謀勇官員統領前往肅州聽
都御史陳九疇節制相機戰守還差太監一員到彼監督軍務堪

以總制大臣及提督總兵官上緊會官推舉來看戶部只差能幹郎中一員量帶銀兩督理軍餉兵部尚書金獻民推舉兵部尚書致仕彭澤總督漕運都御史李鉞俱各歷練老成充總制官署都督僉事杭雄都督同知馬永俱各久任邊方充總兵官再照肅州孤懸絶域賊勢重大比與尋常聲息不同各鎮調集官軍素無統屬若不假以事權急難責其成效合無查照各年舊例鎮巡以下官悉聽節制臨陣之時都指揮以下有不用命觀望退縮聽以軍法從事各官合用符驗關防旗牌書様若待本官奏請未免遲悞合行吏禮工三部照數撥給本官應便行事上即命金獻民兼都御史總制軍務杭雄着掛印充總兵官提督軍務限三日内起程

命御用監太監張忠監督軍務并帶犒勞銀兩及銀牌彩緞通事
天文生醫士同往及賞叅隨人等官每員賞印銀五兩布二疋其
餘每人銀三兩布二疋戶部主事胡宗明差往督餉奏稱昨奉明
旨銀兩動支一十四萬兩帶運陝西布政司交割及查先次支剩
軍餉銀六萬餘兩押運軍前應用限三日內起程切念夷虜之情
叵測而兵食之勢相須訪得回夷圍城志在侵奪地方比之往常
肆掠大有不同況近年各處地方災傷錢粮缺乏雖主兵月粮每
每拖欠今又加以客兵數多若非別為議處彼中豈能支持古人
云日費千金而後十萬之師可舉則今日領銀一十四萬兩能給
若干人勾用若干日可以口計而指屈也其布政司雖稱有銀六

萬餘兩延今日久恐别有支費贓偣員本部司屬豈不知庫藏空虛用宜節縮但今日事務甚大且急萬一至彼而餉乏雖欲臨期奏請必至累月經旬公私皆匱戰守兩難計出無從將爲宜乞爲再發銀十萬餘兩一同領運前去如夷勢遠遁亦可作以後年例之數再照前項銀兩係干錢粮出納必須逐一秤對裝驗明白方免疎虞仍乞稍寬限期數日銀兩秤完即便前進庶錢粮無虞而緩急亦有備矣上從之詔再給六萬聽裝鞘完備起程時大同軍叛殺死主帥處撫將畢御史王官疏曰雲中之内變方安而河西之外患聿作廟堂之上未聞破常調以用人出深謀以制武臣竊爲陛下危之也先該兵部議舉總制而致仕尚書彭澤素精兵法

深識夷情頗著聲聞於彼用兵之道先聲後實似為相應朝廷不此之用而特用尚書金獻民者不知其何謂也且獻民此行必須直至甘州地方相機征戰臣思前項回賊以數十年積銳養鋒之強乘我兵粮虛乏之際一旦壓境而來其勢必有甚難抵當者設使達賊有知乘機為寇其患何可勝言隣近臨鞏蘭固等處又無勁卒強兵未免各邊調用兵法師行十萬日費千金此等地方承平日久素無畜積必得能幹官員多方處置并主事帶去銀兩設法采買轉輸供給不至缺乏庶幾少濟見今獻民去矣所以為獻民之援調發人馬供給粮餉以至守把隘口防護粮道以杜深入之患以助獻民之所不逮者未見其處行也訪得先任四川巡撫致

仕馬昊生長邊方優于武略征勦川賊累立戰功先任兵部侍郎馬清昔嘗有事于寧夏後又總制于宣大駕馭有才處置得法又訪得先任廣西僉事楊百之武略文謨足稱任使宣府副總兵時陳驍勇獨冠于諸師騎射可服乎三軍且家丁勇悍久在安閑摩堂奮用仗望軫念地方多事之時喫緊用人之際略其已往之小過勉以將來之新功馬昊馬清速起一員仍其舊職授以督粮之寄假以便宜之權隨帶副總兵時陳并其家丁星夜前去將主事前解銀兩并本地方一應粮草俱付管理以為軟民之援楊百之亦即授以臨鞏兵備之責以備軍門參贊之資其馬昊馬清仍留用一員于部以備朝廷咨諏緩急議事又根本之地所當用力者

也兵科都給事鄭自璧既曰近該巡撫陳九疇報稱番酋糾領西域回回并哈密北口毛刺雅小列秃并沙州土巴帖木哥及瓜州遺蘖各種二萬餘騎困圍甘肅勢甚危急尚書金獻民總制軍務刻期以行但自得報之後迄今四十餘日消息杳無為照土魯番係我朝進貢番夷得我金帛茶香等物以資生養先年雖占據哈密彼都督綏護侍郎張海奏蒙閉關絶貢由是諸夷歸怨番酋悔禍哈密復為我有累朝以來世受國恩其酋妻所生子真帖木兒先年曾逼陝巴逃遁被鎮巡官誘羈甘州任其出入服食色欲亦不甚禁豢養數年生還鄉里感朝廷之恩德撫臣之宥抑且甘肅居人熟識往來宰制舊愛恐亦未忘前項二夷一則貪我之利一

則憶我之好縱其鼠竊狗偷歲所不無然電起漚滅不敢痛為我
疆埸之患未有今日糾合番衆深入境土大肆劫殘者也又訪得
達賊亦不剌阿兒禿厮一支先年被迤北小王子殺敗奔至西海
套內此種達夷尤號兇黠況三種夷落其先世係同親族設使烏
合而來甘肅二鎮恐非中國有矣此等事情關係不細彼中緩急
宜其紛當傳報以承廟堂先事之圖紓九重西顧之憂也今日久
無聞恐前酋忽驕逞悍分領賊衆屯據要害致使道路不通又恐
彼處鎮巡等官先時處有不甚妥帖事件及節年差出去處置夷情
大臣遺有未曾杜絕情節以致諸酋不釋舊嫌興兵搆怨鎮巡等
官彼此觀望上下蒙蔽延捱不報亦未可知日甚一日不無有礙

計處夫鋒鏑交於原野而聽命九重成敗在於斯須而馳聲萬里朝聞暮應計且晚矣可容如許之久哉乞再行馬上差人轉行平涼安惠蘭州關山傍路河西紅城子古浪一帶大小衙門官員各查照先今事理火速令各差哨馬在於近賊地方或盤有奸細或據走回人口或傳聞人言或探得彼中聲息各另徑自飛報前來不必專候彼中鎮巡明文方纔轉遞致悞事機仍行巡按甘肅御史親詣河西隨便往劄用心察訪前項情由具實奏來以便議處再照尚書金獻民太監張忠總兵杭雄所貴同心戮力長慮卻顧功雖未可剋期而幾當預定勢雖艱於往歲而謀貴萬全矢竭忠貞建樹奇績用副干城重托俟邊患少紓朝廷諒有他處設若退

先時滌草之畨興臨敵易將之想此固非朝廷委任之意而亦非
老成謀國之用心也本部仍併通行各官惟復借重天語丁寧降
勅申諭遵奉施行時賊二萬騎從西北空邊墻進入榆林等墩肆
掠陳九疇至肅州督參將雲昌并大僕寺鄉董銳分布守城城上
窺見東南角一賊穿紅調度被舍人董進德一箭射死賊馱退去
後屬番阿奴報稱是火者他只丁賊又悉衆攻甘州南門內一賊
前打紅旗身穿紅甲往來調兵董太監等議令神鎗攢打賊中傷
落馬扶馱去傳說是番酋時敵民出塞而本兵之位久虛兵部左
侍郎李昆疏曰宣大二鎮密通京師陝西三邊遠接洮漢各處雖
有鎮巡等官分統信地而職任不相統攝一遇有事則各畨自便

互相推諉往往悞事設立總制大臣假以重權蓋以地方安危既有專託則其平時之計慮必周臨事之調度亦易豈如近日大同軍士之變甘肅田賊之侵狼狽失策至於如是哉且今大同軍士雖蒙委曲寬貸而繩綱大壞終非善後之圖甘肅至京八千餘里賊至甘肅兩月有餘計提督尚書金獻民等到彼調兵勦殺動則三月之外縱使城堡幸而獲全一方生靈不勝荼毒之慘矣且本兵重地尚書正官豈宜在外久處所以侍郎孟春議設兩處總制官員蓋為國圖慮將來之計誠為得要但大同地方目今無重大聲息而作孽軍士尚自驚疑所據添設總制姑候另議其陝西三邊待候尚書金獻民等奏報甘肅賊情稍有次第即將本官并

太監總兵俱奏取回京本部照例會同府部院寺科道等官於見任致仕大臣內從公推舉才望老成諳曉戎務二員上請簡命一員前去總制陝西延寧甘肅等處軍務俱聽便宜處置惟委任之專而責成之遠庶邊防有託而疆場無虞時金献民至蘭州諸番已為九疇所敗出嘉峪關外又達賊二萬從南境進暖泉總兵姜奭戰却番賊亦遯去献民奏捷內稱一鼓而回夷就擒再鼓而達賊授首二次斬獲共一百二十餘級乃詔班師給事中鄭自璧疏曰土魯番糾合達賊寇迫守臣提督献民一旦受委以去鎮重華夏慴讋外夷固得其要但本兵重任其席久虛誠非居重馭輕之道而献民久事於外事寧班師豈曰不宜節據虜中走回人口供

報聽得回賊一說要往南山看了草地住着搬取家小到春正二
三月還搶甘州一說我們先去南山打了西番帳房我們把老小
都送在寧固去處還來攻圍甘州奪取城池地方着真帖木兒做
皇帝在甘州城坐着等情此言雖係傳聞但前項回賊長驅席捲
而來其立馬投鞭之念亦已扇熾於中既乃遭被推衄而去其雪
恥復讐之心恐難杜絕於後況亦卜剌呵克禿廝一支潛住河套
十數餘年生齒浩繁道里諳熟縱今遯伏終必為患未有腹心隱
疾而不病人之肢軆者也今次斬獲雖多或恐是賀蘭零賊未必
真是此輩黠虜今日邊患之大可憂者莫過於此敢宴然而遽謂
無事哉設若即今命下班師縱使星馳前去計在正月將盡比敵

民到京當在四五月間矣原調兵馬各回本鎮果若前言復行大舉再為邊患欲調集又無欽依統馭之人而自衛不遑欲奏聞又當事勢窮蹙之候而緩不濟事道途遼邈兵力單脆當此機會間不容髮萬有不虞徒付扼腕乞會同多官推舉素有才望大臣二三員疏名上請欽命一員總制陝西延綏寧夏甘肅地方責限兼程到被交代之日然後班師論功行賞則帷幄有本兵以運籌邊徼有重臣以屏翰九重霄旰或藉此而可紓各鎮閫將持之而無恐安內攘外之計兩得之矣御史李文芝疏曰臣聞西域最遠而夷人種類亦繁自成化中李文劉文之駐苦峪不敢進而土魯番始有輕中國之心矣及弘治中張海緱謙之經略無成功而土

魯番益肆驕橫矣今日西羌之兵莫有強於此者也臣又聞正德中北虜亦卜剌一枝與小王子仇殺敗北之餘率其部落犯而涼州永昌甘州侵入西番之境駐牧西海交通番酋又把[犯]我西寧河州臨洮洮州深入四川松潘虜掠甚慘番族畏之漸次歸附由是西番之山川遂為虜之巢窟[穴]迸都御史彭澤都督郤永經畧二虜不能効謀驅逐出境今日河西之患議者皆歸咎於彭澤也夫天下之大勢關陝為重而保障之長策謀帥為先若非添設大臣總制軍務誠恐日復一日二虜交侵養成癰疽之患不可救藥矣蓋處患于未然者易為力而除患于將然者難為功伏見致仕大學士楊一清為僉事日提督陝西學政為都御史日督理陝西馬政

又巡撫陜西地方又總制陜西軍務寧夏之變又起總制平生踪跡在陜為多威名已著於三邊德望素重於多士今日總制之任莫有踰於斯人也或以為一清内閣舊臣不可履邊臣聞大學士楊榮嘗三往甘肅察邊務處降虜計用兵孰謂内閣之臣不可乎或以為一清七十之年不可履邊臣聞西羌之叛漢宣帝命趙充國時年七十餘矣坐收全勝孰謂七十之年不可乎乞賜勅起一清改以本兵之銜仍兼都憲之職前往陜西三邊總制軍務而廢僚之知邊事者許其奏辟贊畫如是則二慮之患可消而西顧之憂可免矣上從其言詔起楊一清提督陜西三邊軍務又詔土魯番糾衆二萬謀奪地方聲勢衆大陳九疇與董文忠能先事預圖

臨機應變射殺王子大頭目三人驅逐回賊遠遁保全危城其功實與尋常不同已寫勅獎勵董文忠廕弟姪一人做錦衣衛冠帶總旗陳九疇陞右副都御史取回別用各賞銀四十兩紵絲三表裏以酬其勞又詔張忠廕弟姪一人做正千金戶献民杭雄各一子百戶俱錦衣衛世襲各官奏帶叅隨人員各准陞一級其餘官軍與重賞給事中鄭自璧疏曰甘肅之役回虜掃國而來也各官奉命出師鞠躬盡瘁指揮之下候使賊仆幟匈軀而去陛下嘉其勳恩廕有差報功之典良亦不薄其若叅隨人等均陞一級人得沾恩得毋傷於濫乎查得尚書金献民總兵杭雄俱照欽依額數各二十員名太監張忠則九十三員名總計三臣叅隨則有一百三十

三員名矣誠以此輩拘劾勞役亦當甄別重輕以寓激勸而況其間費盡豈無奇拙任事豈無繁簡行役豈無安危槩而録之布滿奏牘恐既得者既不肯以倖致自名而未得者又皆以濫功為恨況張忠等欽賜恩蔭亦加再四辭免其委身許國之忠勞讓下人之厚冢所欣羨今陛下將參隨人員盡行陞級不惟事體不宜而忠等不矜不伐之心亦無以暴白矣乞勅兵部轉行太監張忠等將奏帶人員分別等第勞績頗多者量加甄録其餘遞加賞賚千以杜將來錫予之繁全各臣遜讓之美尚書金献民還朝請遷發夷使閉關絕貢疏曰土魯番貢使未入禁城賊兵已過峪關施貢旋侵奸謀狡計大畧如前茲者天奪其魄挫衄遠遁但彼之日用

資我者甚多竊恐失利日久乞哀求貢之請又在旦夕矣郎今河西地方民窮徹骨萬一見之不真復聽入貢必將浚民之膏血為之飯食勞民之筋骨為之役使驛路騷擾雞犬不寧臣恐河西兩鎮之軍民十五衛所之疆場終當被其擾壞也臣願自今以後遇彼求貢亟下明詔聲其累世不恭之罪閉我關門絕彼貢獻申命該鎮守臣謹烽堠益嚴兵備以待之則彼之姦謀破阻狡計無施河西垂首待盡之民庶幾其有更生之望矣陳九疇盧問之亦俱上書請閉關絕貢番酋遞進番文求貢捉擾軍送至邊上都御史冦天叙疏曰姦回譎詐語言反覆或誘答他人以釋其犯邊之非或誇張勢聲以逞其螳螂之勢全無悔罪輸誠之意況此虜先

年侵犯肅州朝廷念其遠夷不與深較姑容入貢然進貢方之使方入而犯邊之兵繼至似此詭詐實難憑信所據求和之事揆諸事體難以輕准在我防範所宜加慎乞并行提督軍務兵部尚書楊一清分布陝西延寧奇遊兵馬在於蘭州安會等處一帶住劄遇有回虜侵犯消息臣等通行調集主客兵馬親統前去遏勦務期成功兵部乃請于上詔所議事情還行與楊一清着再加審處奏請定奪於是牙木蘭差人來請和因九疇前恨復用反間稱前日入寇非我本意乃內附夷人沙的納等傳陳都堂命使之來而許之賞時在朝有受畨賄為之搆九疇者故唱此言以騰於播內未幾楊一清召入內閣以尚書王憲代之楊一清奏稱看得兵部所

議蓋知虜患之難測恐兵糧之不繼故雖不敢遽為通貢之言以
拂衆論亦不能終主絕貢之議以貽後艱今甘肅地方兵馬寡少
錢粮空乏已且未治何以治人合無仍行新任提督尚書王憲再
為審處王憲乃移檄遣撒馬兒罕貢使迭力迷失等齎往諭番酋
悔過服罪歛還哈密城池送還搶去人畜方為奏請六年諸議禮
臣桂萼方獻夫霍韜張璁先後上言哈密不靖本由彭澤澤之得
召用由楊廷和曲庇澤也乞急用王瓊以寧西鄙時因天變求直
言錦衣百户王邦奇疏曰正德年來巡撫都御史彭澤不恤邊備
凌虐官軍侵尅粮價自昔至今遂為通例又兼賞罰不明人心失
望擅自差人輕出外國講和懷姦邀功開啟邊釁致使番夷占據

哈密侵犯甘肅一帶地方搶掠求索貪得無厭而彭澤又乃大夫息信於番夷因而蹙國喪師大貽邊患然夷酋始輕中國之兵副使陳九疇又乃拘執夷使激啓邊釁止知斬馬黑麻一人於南門不顧失陷官軍於無筭也前任兵部尚書王瓊深為隱憂特有撥正之舉又被權姦明黨互相救援止將彭澤等輕賜罷斥降發其餘重大罪惡俱被影射不究殆至新政之初正當顯戮遺姦昭示國法可也豈意彭澤倚恃權姦大學士楊廷和心腹門生調同陳九疇李昆預先奏辦輕騎便衣深入城境齎送囑買楊廷和會盟結黨誓以死生意欲扶同誤國佐使楊廷和將寫亦虎仙擴入詔書假威檀柄致將寫亦虎仙監故其餘各夷俱被決斬前者二次

甘肅之亂生民塗炭之苦蓋由先年公論不明及殺寫亦虎仙等之誤啓地方之禍後蒙特命尚書金獻民總督征剿本官自恃寵威不盡忠節都以重大責任視如兒戲詐言有病在途遷延逗寄蘭州朝夕邀會彭澤作樂飲酒不顧彼處人民塗炭之苦遠望甘肅千里之外束手觀聽不究一方之久探聽回夷搶擄遂志滿載而歸又奪他人擄斬達賊之功奏為征進回夷之捷冒授陞賞下及童僕況土魯番前者侵掠中華如蹈無人之境志滿意遂方纔從容回還去歲前夷仍復又來搶掠彼處巡按奏報俞常閉閫邊將地方極苦人民倒懸十分緊急若不再為奏聞處置縱玩夷醜得志將來之害不止於河西一帶地方而謀侵中國之患難保必

無若不速將楊廷和彭澤等明正誅戮無以消弭災異為照忠順王拜牙即自作不靖棄國逃走遠避絕域年久不還本國所以中國失守而生民節年被其塗炭幸賴先任總制都御史楊一清忠誠體國潛消禍亂而威鎮夷醜斂跡遠遁承平歲餘莫敢侵犯但犬羊之性詭詐莫測不可必其一定及查弘治六年土魯番王阿黑麻先遣大頭目寫亦滿速兒等四十餘人進貢比因阿黑麻復擄忠順王及金印去訖又來犯邊多官奏聞上命將夷使滿速兒等四十餘人安置廣西福建及閉關絕貢累犯邊陲不息至弘治十年計五年之久方纔悔過入貢仍將忠順王及金印來歸求取寫速兒等多官奏取滿速兒等付給甘肅自此河西始安定也正

當居安憂（慮）危勿待臨渴求泉亦緩不濟事矣先年之滿速兒尚存
今之虎仙等俱斬矣誠恐醜夷求而無人亦得藉口稱怨遺患地
方為害臣於嘉靖四年十月十九日備奏前事節奉旨該衙門知
道兵部職方主事楊惇乃奏內姦臣楊廷和之子被其阻滯壅蔽
彌縫不興施行今奉勅修省求治彌灾再陳愚忠以弭災變一面
速勅法司將閒釁啓禍誤國姦臣明正典刑以謝邊民之忿及壅
蔽忠主言事楊惇量為罰斥以弭災異詔下兵部議不許回護刑
部尚書胡世寧疏曰夫土魯番變詐多端善為反間其欲附城屬
達使之激變則稱哈剌灰畏兀兒稍書交他來其欲間我謀臣使
之受罪則稱壞事約（的）都是臣（陳）都堂沙的納欲彼番使得通內間則

稱王子因見殺徹者兒虎仙父子故來報仇夫自嘉靖二年十月進獅子夷人已遞番文開稱番酋要動人馬定來肅甘州則其造意通謀已久豈為殺三人報仇亦豈為陳都堂及哈剌灰畏兀兒使之然也其恐我復結瓦剌為之後患則言七八月裏領着瓦剌達子還要往漢人地方後竟不來其變詐何可信也自正德六年得送回伊弟真帖木兒因在甘州住久深知風土好過郎起逆心要來侵犯正德九年即要插旗甘州城門上十年六月陳九疇方到肅州十一年彼自以原許緞(段)子不曾與足及拘留番使為名興兵入寇豈因陳九疇也其先三取哈密城池皆以哈密為之內應乃漸置姦回虎仙等親黨買房久住肅州城內又節差番使斬

巴思等來探消息爲通書信一旦擁兵還至城下各回潛置兵甲圖爲內應使非陳九疇奮身不顧後患即將各回監故打死而又近遣屬夷劫其營帳遠交瓦剌搶其城池彼聞變內顧而還則肅州城池難保無虞臣以爲臣之有勇知兵而忘身爲國者無如九疇固彼番酋之所深忌而欲殺也惜其後信僚屬之公移輕聽姦回之揑報而妄奏番酋及牙木蘭之殺則其罪有不免耳王邦奇奏其因殺夷使激起邊釁又言二次甘肅之亂由殺虎仙等之誤蓋彼武夫輕信惑於流言爲彼內間耳至於通貢一節則其後事難料前事可徵弘治四年因其虜去忠順王陝巴不服撫處奏准絕貢十一年因見器用缺乏諸夷歸怨才變悔過送還陝巴嗣後

注意○○○此頁應加在第二十七頁前半頁第六行。照依之下。倚閘之上。

先朝和寧交趾捨置不問而唯責彼番酋恭守臣節再無侵犯一二年後方許入貢或止通互市仍納其貢其市皆不許多帶人衆淹留歲月則我之邊城驛遞供費可省而得專事邊儲我之謀臣勇將反間不虞而得盡心邊事矣是秋土魯番酋虎力納咱兒糾侵肅州遊擊將軍彭濬兵備副使趙載衛之退去時張璁桂萼以欲論九疇死并罪廷和

上有旨金獻民閒住九疇逮獄下三法司議兵部尚書王時中會同刑部尚書胡世寧等勘問九疇等事情具疏曰虎仙父子深姦巨蠹外通哈即賣國內結錢寧亂政心跡姦詭死有餘辜及查王邦奇假建議為名牽引浮泛復圖進用該兵部題奉欽依降錦衣衛總旗別難再議外臣等議照政令莫大于刑賞功罪在論其重

輕功之大者或可以贖罪罪之輕者亦難於淹功若乃功罪相倫自亦情法有在或無功而罪本輕亦又有罪而事已結俱不能一律而論如陳九疇叨領邊寄舉措乖張先後啟釁招尤罪固已重兩次折衝禦侮功亦爲優又輕聽回達之捏詞濫報番酋之真死事雖出於

通貢不絕地方騷擾亦不絕而及聞內應絡繹于京師甘肅之間馴至十一年暨嘉靖三年二次大舉入寇今奏准絕貢又三年矣祇聞來求不聞侵犯者豈有力有餘而心不欲也蓋亦懲前二次他只丁之被殺民剌諸夷之為其後患而長慮却顧也今廷臣議者以有備為長策以通貢為權宜其言誠是也臣愚欲乞聖明特與輔臣熟議今後哈密城池照依傳聞情尤涉於妄誕金獻民仰承重命提督西征調集三邊之軍馬振揚金陝之威聲未足稱勞掠取他人之功次粧成同事之捷音何可冒廕且連絫隨人負俱各濫陞職俸雖恩典出自於上而辭受有負於初再照彭澤使時經畧未成底定困而致貽後患罪有明案緣曾撫回金印城池既

而回夷隔年入寇功似可言李昆許宣史鏞蔣存禮前後功罪與九疇相連原情有差等張忠杭雄始終往返與金獻民一時具奏論法不宜異同先任都指揮王輔開報傳聞番酋之死以致鎮巡輕忽會奏之虛委屬有違盧問之初以預防生變為心仍將應死夷因擅決亦非相應以上各官俱合究治但彭澤及陳九疇先經會問題奉欽依為民李昆已降副使復起用又降左參政與彭澤俱致仕許宣史鏞蔣存禮亦經參提發落合候命下之日先將杭雄革去見任與張忠俱候陳九疇金獻民問明之日奏請定奪彭澤罪犯與李昆許宣史墉蔣存禮先已問結似宜量處臣等擅難定擬及照董文忠雖故與金獻民張忠杭雄子姪等項冒授廕陞

并一切參隨人員凡來至地方混得濫陞俸級行委科道官會吏部主事從公逐一清查奏請定奪并先年斬獲回夷中間未陞功次人員仍催促勘報以憑陞賞臣等切念甘肅為中國右臂土番實禽獸與鄰變詐反復乃屢寇之故情功罪相尋亦邊臣所難免仰惟皇上恩威信義昭示無遺蕞爾小醜納款有日伏望普弘天地之度丕昭日月之明俯念各官曾效惟勞早賜宸斷俾法司遵照議擬上請施行務嚴夷夏之大防永存古今之治體則德威所及四夷無不畏服上詔各官功罪你每既會議分別輕重等第奏來陳九疇行事乖張招尤啓釁以致回賊深入殘害地方又妄報打死番酋好生欺罔難照常例著兵部定發極邊衛分充軍彭澤

雖經黜革後又朦朧起用還革了職照舊冠帶閑住杭雄與張忠俱待金獻民提到問明之日奏請定奪各官子姪冒受廕陞官職俱革了其餘家隨人員功次還着科道官會同兵部委官從公逐一清查具奏定奪李昆許宣史鏞蔣存禮董文忠各降二級已而起王瓊為兵部尚書代王憲瓊疏曰臣蒙恩起用提督三邊自入關交代以來查得黃河套内賊情即今稍緩惟有土魯番夷情未寧急當議處臣歷考往來事正德八年以前土魯番雖嘗虜殺忠順王朝廷亦嘗拒之而不遽絕其貢直嘗在我曲嘗在彼而彼又不知我邊之虛實未嘗提兵一至沙州近邊寇掠況敢窺肅州之門户彼時朝廷處之既得其宜守臣又不敢任情恣肆雖或時與哈

20

密搆釁曲在自彼旋復底定自正德十年以來執政者昧於經國之圖引用非人相繼壞事既增幣約自失信義又濫刑殺降大失夷心直反在彼曲反在我肅州之敗甘州之慘由我致之不可獨咎土魯番也此時使甘州守臣即能如楊一清之義度量時勢曲為撫處盡遣他國貢使出關奏發羈留哈密土魯番貢使回歸本土而又諭以前守臣壞事之意使箅分任其咎土魯番必翻然悔罪照舊通貢不待至今日屢塵九重之慮矣柰何守臣之計不能出此漫謂土魯番服而又叛去而復來非信義之所能結往往太言以張虛名不顧醞釀漸成實禍既將已經奏准遣還夷人自今不放又將新貢夷人羈留肅州自謂使之進不得貢退不得歸操

縱在我以懾其驕悍之氣蓋止知泥古欲絕其入貢之路而不知度今不能絕其入寇之路也前此土魯番令牙木蘭來沙州住坐乞放出進貢夷人帶回賞賜彼即退還哈密城池并搶去人口在我自當推赤心置其腹中許之可也而守臣乃以為未有悔過輸誠實跡令其將先年搶去人口頭畜盡數送還及將教唆犯邊首惡拂送甘州又令其訪取忠順王的派子孫承襲凡此皆自示以疑而又責以難從之事教之使不得和也自嘉靖三年犯邊後至今三年矣議者執持兩端含糊展轉迄無定論即今土魯番因牙木蘭住沙州二年不得通貢遂聽讒言疑其與中國通欲併罕東等頭目誅之牙木蘭等懼今年四月急率其部落五千餘衆歸附

甘州守臣不得已納之是又一大變矣自土魯番兩入甘肅肆行殺掠未遭挫損彼固已有虎視河西之意而關外赤斤苦峪曲先蒙古罕東諸衛昔為肅州藩籬者盡皆逃散避難入關矣萬一土魯番忽牙木蘭之薄已捲土重來我之邊備廢壞又值天旱米貴不審守臣能使必不得飲馬於黄河否也臣言至此實可寒心議者又謂雖前守臣啓釁壞事然彼既犯順深入在我不可含忍許和示彼以弱自損國威亦不必深咎前人之失以快民志臣愚以為不然昔唐德宗時宰相元載擅權誤國嘗害李泌載誅李泌代之勸德宗北和回紇土番德宗念陜州之耻不肯泌言回紇不足怨向來宰相為可怨德宗從之遂與通和史臣謹書之未嘗以李

泌為許短報仇也是時藩鎮專兵迭起叛亂陸贄勸德宗下詔罪
已遂收人心史臣義之以為萬世美談亦未聞議陸贄怨藩鎮之
惡歸咎人主也其後李希烈僭號稱帝雖出於贄之所不料而
大義無損焉蓋曲直不辯處置失宜則無以服叛臣之心時勢不
審率意妄行則無以為善後之計臣愚知之熟而慮之審臣願陛
下以臣所言下兵部會官急議如果可採准令將土魯番哈密羈
候夷人及進貢差來見在甘州夷人先准放回未去夷人各帶原
領賞賜盡數驗放出關仍曉諭緊要頭目說稱如今朝廷已知都
御史陳九疇等壞事都加罪了又知你土魯番屢次投遞番文初
意要搶把巴反達甘州邊上遇官軍廝殺原無侵犯甘州之意今

敕爾罪各起夷人俱准發出爾土魯番先年搶去見在人口送還死亡了的罷將看守哈密城頭目取回聽哈密自在彼處住坐作急具番本齎到甘州交與鎮守官轉奏不必等候回報就將爾後來進貢夷使起送赴京進貢其先擬要將首惡押送等項難從之事今次曉諭不必該載具牙木蘭等既以投降理不可殺聽臣等斟酌用為間諜從宜施行以後事有變直在於我另為議處庶不失悞機會上詔所奏明白周悉足見籌邊至意先年失事之人已都處治了聽爾從宜處置務要內外安攘以靖地方副朕簡任

瓊在河西反彭澤所行事八年土魯番貢獅子夷人至乞歸哈密通貢瓊又奏言土魯番歸我哈密乞令失拜煙答子米兒馬黑木

守哈密貢使二十四人進入京於歸羈留各番貢使男婦凡千人安插沙州土巴帖木哥部夷五千四百人於白城山哈密都督皀吉孛剌部夷於肅州東關赤斤都督掌卜達兒子鎖南束於肅州北山金塔寺罕東都指揮枝丹於甘州南山時胡世寧為兵部尚書欲專守河西謝哈密無煩憊中國霍韜上議亦必欲復哈密下兵部議世寧言昔太祖建北平行都司去境四百里而文皇畀之兀良哈文皇郡縣交趾而宣宗棄之安南哈密非大寧交趾比況其初封忠順王為我外藩者乃元遺孽永樂二年封三年即故立其兄子未幾即絕而強立非其子孫者嗣之蓋嘗三立三為土魯番所虜乃叛我即戎及勞中國臣竊以為此與國初封元孽為和

寧王順寧王安定王者等甘安定王又在哈密之内近我甘肅今
亦不知其存亡何獨以一忠順王故耗我金幣疲我士馬窘我財
力議禮諸臣不聽竟從瓊言世寧又言牙木蘭本歸正人非叛虜
者唐愨阻謀事可驗遂留不遣然哈密竟為土魯番所據瓊所安
插諸衛夷落皆為土魯番所逐失其故土住牧河西塞上北虜盤
寇西海瓦剌結巢北上河西三面皆有寇盜矣明年滿速兒遣虎
力奶翁及天方諸夷使貢方物又索牙木蘭諜言諸番要約俟虎
力奶翁歸復侵肅州會虎力奶翁歸道病死瓦剌又攻土魯番我
亦有備稍得休息而來降人哈六剌言番酋欲以哈密城與都督
米兒馬黑木毋管理兵部固請許其通貢着令三年或五年為期

以語應低一格

夷使雖多十二入京餘留塞上是後河西守臣防禦羌胡不暇及
西鄙事土魯番竟併哈密但其進貢哈密亦附名以來耳按土魯
番與哈密互傳其事互見故有彼詳此略者但哈密本傳謂其稍
得自立而此則言并於土魯番蓋因王瓛撫處之後雖稍土魯番
（始求完事故傳亦因之云耳要之哈密之守）
已奉約束還城印而實則虛言欺我耳時已厭兵與否不足為中
國利害即今四五十年來哈密無封各夷自貢未見其為患也則
前日之紛紜豈不空費兵食於無用之地更在謹其備禦來則不
拒去則不追斯為長策乎哉
十二年先是番使馬黑麻虎力奶翁等謝恩進貢住肅州東關鎮
守太監陳浩令家人王洪與番使買貨物不給價值至京番使於

兵部前遇見王洪挐告禮部送司審據王洪口供於嘉靖十年八月内夷人奶翁等在肅州地面與軍民人等交易是陳太監分付與伊買馬等項委果得過馬五匹并玉石一塊不知斤兩鐵角皮二十張搶力孫皮二十張銀鼠皮一百二十張鎖袱一段撒哈剌一段鎖子葡萄大小共四斗西羊布一疋說到甘州與伊價銀後洪只在肅州居住不知陳太監到甘州曾否還伊銀價據此除將王洪責令中兵馬司牢固監候并願與同監夷使二名虎兒班把巴撒力但取收管外案呈到部禮部尚書夏言疏曰中夏之時外夷界限貴嚴所以古者大夫無境外之交本朝法例有索取之禁所據前項夷人到邊凡我守疆之臣一言不可與之潛通一錢不

可與之私易況賈胡尚利易啓戎心今太監陳浩受朝廷邊方重寄乃敢違法貪贖至此不惟取侮外夷抑已敢犯重憲但本夷輒擅拏人全無長忌王洪應口供認無復辯詞中間或有隱情未可逆測但裔夷訟中國事關大體合當從重明白議處既不可墮外夷之計以損國威亦不可失遠人之心以召邊釁又不可縱邊臣之貪以屈國法且據通事人員譯知虎力奶翁等口稱欲聲冤闕廷要求明白恐亦未可諉之查勘可以杜結況此夷今在輦轂之下尚爾跋扈憑陵若回至甘肅地方事情不明夷心不服則二三邊臣豈能控制驅遣臣等以為此事在朝廷當大有處分方保不害治體乞賜宸斷勅差法司錦衣衛堂上官各一員給事中一員

前往甘肅地方會同總制官巡按御史作急勘問若夷使奶翁等所奏俱實將各官所得夷人原物盡行追給明白仍量調人馬將一應進貢夷人防送先行督令出關務在起程回國去訖勘事官方許回京具奏請旨然後將有罪人員從重處治如此庶夷情早得明白發遣不致逼留縱肆而朝廷令嚴法重亦足以服遠夷之心矣上從之自後邊臣不敢私取番物番人入貢不絕至今其山川曰靈山羅漢剃髮涅盤之所曰貪汗山夏亦積雪其產俗與火州同

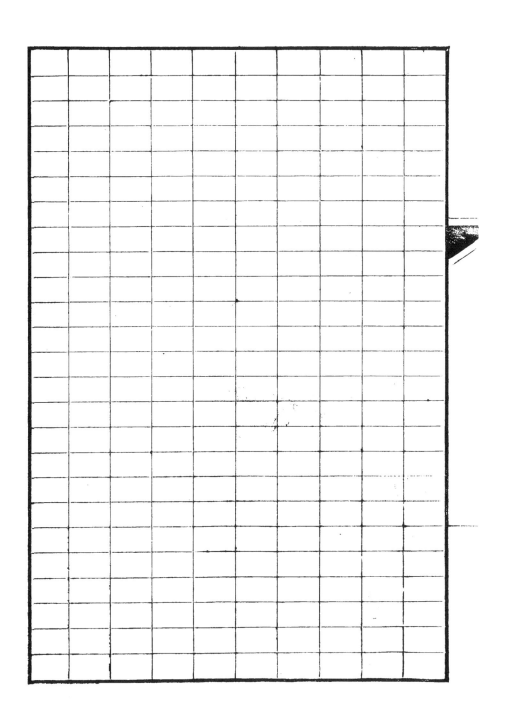

殊域周咨錄卷之十四

行人司行人刑科右給事中嘉禾嚴從簡輯

揚州府學訓導長洲彭天翔仝嚴翼

江都縣學訓導華容王三汲校嚴怡同校

西戎

赤斤蒙古

赤斤蒙古戰國時月氐地秦末漢初屬匈奴武帝時為酒泉燉煌二郡地晉屬晉昌郡西凉置會稽廣夏二郡後魏增置長樂郡屬瓜州後屬燉煌郡唐初屬瓜州廣德後沒於吐蕃宋時為西夏所據元時為瓜州地屬沙州路本朝永樂二年故元韃靼丞相苦术

子塔力尼等率所部男女五百人來歸詔建赤斤蒙古千戶所賜賜誥印尋陞衛以塔力尼為指揮　十一年遣其部下鎖南吉利剌等至京獻擒獲叛虜老的罕等上悅厚賞勞之既而塔力尼卒其子且旺失加襲職宣德以來每歲貢獻不絕　正統間赤斤蒙古及罕東等衛番族相結恣肆抄掠至強刼絶兵官進貢馬駝都御史馬文升時參贊甘肅軍務乃率將士討之盡得其酋首梟示又擒其僞初王鎖南拜妻子械送京師自是番人不敢近邊　成化二年兵部奏哈家地方被北虜乩加思蘭侵掠忠順王母率屬避居赤斤苦峪今北虜已退宜勑王母復還哈密舊地收其衆以衛邊塞詔可之　十三年都督僉事王璽等于赤斤苦峪築城復

立哈密衛令罕慎居之且賜以布帛米粮分給土田及牛具穀種

先是蒙古衛部落原在赤斤苦峪王子莊扇馬城大草灘等處地方住牧自鎮南數被黃達子搶殺乃帶印并部落來肅州南山卯来河泉地方住牧離肅州城一百里其餘部落自正德八年以後屢被回賊搶殺俱各投来州来臨縣城四頃堡住牧離城五里又在迤北金塔寺住牧離城一百二十里　正德十年土魯番聲言侵犯甘肅先至赤斤等處搶掠人畜牛計及虜其銅印以去後總制彭澤撫賞乃將赤斤銅印送還　嘉靖三年土魯番又驅蒙古衛入寇　七年土魯番求貢兵部尚書王瓊議招之又欲撫馭散亡屬番以安邊境乃令遊擊將軍彭濬同撫夷官指揮劉雲往

當其部查得蒙古衛都督三員俱未襲一員賞卜達兒掌印故原授職勅書被察台搶去其子鎖南來見收曉諭勅書一道其二員勅書收貯都指揮使三員俱未襲其原授職勅書被賊搶去二道惟存其一都指揮僉事三員俱未襲勅書被賊搶去亦存其一指揮同知五員俱未襲勅書收貯亦失其一指揮僉事五員俱未襲勅書收貯正千户二員俱未襲勅書收貯亦失其一各部下男婦共一千餘人王瓊乃上疏曰臣會同鎮守太監張洪巡撫唐澤議得我聖祖神宗受天明命奄有萬方咸制四夷罔不賓服其在西夷因其種類建衛授官鑄降印信俾其統束部落歲時朝貢以示羈縻自肅州至於哈密千五百里之間赤斤蒙古罕東左等衛番

夷其初俱能睦族自保厥後本類自相讎殺部落遂漸離散哈密之西惟土魯番一種最為強盜外阻天方國撒馬兒罕諸夷制其出入內壓哈密蒙古罕東屬番聽其驅使侵擾吞併假道脅擄莫敢不從今哈密夷人尚有住本城者惟掌印都督奄克孛剌逃難內奔終于肅州二子承襲不敢復從蒙古罕東衛節年避害歸附至今盡失故土曲先衛歲久年遠徒聞晚啼之名罕東安定族亦離散阿端莫知其處即今肅州西北千五百里之境已無人烟論者謂諸番內徙土魯番自今入寇無機實為中國之利又謂肅州孤危群夷環邊恐有意外之虞長顧卻慮推逐回故土乃為正理倘伸諸夷之畏土魯番如蹈水火勢難強逼使其可強而歸則必外附

强番又如昔日大為邊患所以節年守臣議欲權宜安插實非得已今事勢既變須有處變之術馭撫得宜方保無虞乞敕兵部會官再議如果無別長策暫准臣等前議照舊安插仍乞降敕一道賫赴整飭兵備副使拜分守肅州將官奉行遵守輪遣邏卒俱諸番之動息以防姦宄嚴謹疆界禁各族之交侵以除竊盜務使恩克懷柔威能彈壓夷情撫定地方庶寧賞以酬勞國典具在自常舉行如或視為泛常輕忽失處致有疎虞亦難辭責再行陝西行都司查勘各衛所夷人自相保勘照例起送赴京襲職中間貧難不能赴京者該道查無違礙許令各夷順賫保結公文代領敕諭回日送行都司交與承襲如此使各種番夷悉得承継祖職一則

不忘祖宗羈縻成法一則使於今日控馭外侮可禦邊境可寧上從其議自後俱得保襲前職朝貢至今無異其山川曰白山其産麩金鼓磬碙砂肉蓯蓉胡桐律蟲食其樹而未下流俗名胡桐淚可以銲金銀緊鞓草栢脉根沙棗駝其域東抵肅州衛四百三十里西去古沙州一百八十里

安定阿端

安定阿端東為罕東北抵古沙州其地廣袤千里本朝洪武七年韃靼別部酋長撒里畏兀兒安定王卜煙帖木兒遣使貢鎧甲刀劍賜以織金文綺命分其地為四給以印章曰阿端曰阿真曰苦先曰帖里八年置安定阿端二衛俱遣使朝貢洪熙元年安定與

曲先各戕殺使臣叛寇邊境仁宗詔陝西都指揮李英率番漢兵討之虜安定王佇其部落男女千餘人駝馬牛羊十三萬巢穴悉平更立其長天順三年復遣使貢初安定衛始祖亦板丹原在西海迤南地方住牧

正德七年八月亦卜剌等大勢達賊至西海將安定王逐奔部下番民殺盡及將原授職勅書誥命金印牌并帳房頭畜擄去奪占其地本族人汪纏爾加迯往河州歸德寄住正德十年又還到西寧城扣謁兵備守臣安撫之至嘉靖七年尚書王瓊令撫夷官彭濬撫馭番族得其原守境塔國師藏卜哈巴與前汪纏等僧俗十名今在迤北沙糖川離城七十里住牧原奉勅書五道見存阿端衛不知其處王瓊乃請令安定衛仍襲前職

上從之自後漸得生息朝貢至今其俗馬乳釀酒飲之亦醉居無城郭以氈帳為廬舍其產馬槖駝玉石其貢鎧甲刀劍其城東至罕東白沙州

曲先

曲先東抵安定北距肅州古為月氏之地乃西戎部落也元時置曲先荅林元帥府本朝洪武四年置曲先衛以土人散西思為指揮同知正統二年曲先酋黑麻癿遣指揮大丁等貢方物其衛初在沙州七百里因土魯番并西海達子搶殺逃往烏思藏地方牙木蘭八歲時為土魯番所搶及長為土魯番頭目其兄脫啼娶帖木哥妹收掌曲先衛印信部下二百餘人依帖木哥等沙州住牧

帖哥等後投肅州脫啼乃往南尋本族後亦無踪跡牙木蘭在土
魯番用事甚見寵信常令兵攻哈密擒王奪印吉（占）其城兵部尚書
馬文升請命甘州守臣襲之調罕東兵為助刻會于肅州嘉峪關
外罕東失期牙木蘭知故先遁甘州將無功而還後牙木蘭屢奪
吉（占）哈密城印（詳具哈密傳中）兵部議絕土魯番不許通貢土魯番乃復乞
貢又以事疑牙蘭交通中國逼逐之嘉靖七年牙木蘭乃攜帳三
千與罕東衛帖木哥（即兄娶其妹者）及土巴等來投肅州求降上命總制
三邊兵部尚書王瓊撫處勅曰近該兵部覆題該甘肅鎮巡等官
及先任提督尚書王憲各奏土魯番酋先年擁衆侵犯甘州殘害
地方節該守臣具奏閉關絕貢近乃遣使求貢姦謀叵測夷酋牙

木蘭等本曲先部落叛附土魯番為彼心腹侵軼我境今與帖木
哥土巴等各稱被土魯番逼害率衆投附有無別項蓄謀亦難逆
料各官欲照先年事例安插居住以示懷遠之道但又稱爾新任提
督前項事體重大未審意見有無相同今特命爾親去甘肅地方
公同鎮巡等官再加詳處仍多方用心查審各夷是否被逼投附
有無別蓄姦謀若果勢窮求生傾心歸向先將各項人口查驗明
白各照所擬地方分散安插應給口粮牛具地土查照先年事例
斟酌施行量將城池修築以便防守分族居住使其自相親睦仍
選差的當官員不時曉諭令其安分守法自為生理不許專恃官
粮供給及在彼生事擾害地方彼處地方虜情不一尤須督領令

大小將官整飭士馬振揚軍威一切邊備武備務要朝夕戒嚴不可時刻怠慢以防意外之患朝廷以爾才識素優練達邊務故茲委託爾須殫心竭力規畫修舉其干礙夷情必與鎮巡等官計處停當應施行者徑自施行應奏請者具奏定奪敕內該載未盡者聽爾從宜區處毋恃己見務稽衆議使邊鄙寧謐朝廷無西顧之憂斯爾之能爾其欽哉于是甘肅兵備趙載會同分巡西寧李淮遊擊將軍彭濬共議稱牙木蘭原係我曲先衛屬番自幼搶去與土魯番作為謀主今通投附置之甘肅平居防其捕逃寇來防其內應雖云投降其妻子兄弟尚在彼中難保全無反覆必須或徙居內地或轉發別邊方為良便縱使土魯番將來求討原不係彼

回夷我之舊屬今歸一我名正言順亦可塞其求請王瓊乃疏謂牙木蘭原同帖木哥等前來歸附本當與帖木哥等一例安插但恐後回沙州又為土魯番所制意外生變若欲安置遠方又恐阻絕以後夷人不肯降附請將牙木蘭并其僕妾差人伴送赴京查照永樂年間山東青州等處安插夷人事理議擬安插或徑差人伴送延綏鎮巡官處發榆林衛收充旗役給撥月粮營房隨軍殺賊或別有處置翰林院學士霍韜疏曰牙木蘭者土魯番腹心也擁帳三千稱降於我然在牙木蘭則曰未降在土魯番則曰不知彼去向以事理觀焉豈有擁帳三千遠來款塞而土魯番不知者安知彼非詐降以餌誘我耶他日犯邊則曰我納彼叛人彼來報

復也又曰我不歸彼叛人故彼不歸我哈密也則哈密永無興復之期矣牙木蘭之降也廪餼口食仰給於我費已不小猶曰羈縻之策不得已也若土魯番擁兵扣關稱取叛人將驅牙木蘭而與之耶彼則詭曰降以投生也今出則死而不肯去矣將從而納之耶臣恐為内應而有肘腋之憂土魯番擁兵於外牙木蘭為變於内甘肅危矣上詔虜酋牙木蘭等乃我邊逋寇彼番叛夷近以投降為名帶來夷類見有二千之數今又一擁許放各起夷使數多勞費之害不言可知意外之虞不可不慮況攘外必修内治還通併寫勅著提督尚書王瓊及鎮巡官嚴督所屬修飭邊備整理兵粮加謹防禦奏内其餘未盡事情悉聽各官從長議處徑自施行

時土魯番以探聞貢息為詞句引尾刺達子數千乘夜抵肅州遊擊彭濬兵副趙載率屬番爪沙等衆戰却之斬首奏捷王瓊又奏稱土魯番悔罪請照原議起送貢使赴京興復哈密以圖罷兵息民尚書胡世寧疏謂尚書王瓊大才通變必有奇術轉危為安要非臣等常慮所及再照詹事霍韜所奏為國遠慮甚切而其查訪近事未真臣等遂一參詳牙木蘭若原彼世臣擁帳三千来降輕納則後患委的難測臣等昔亦與韜同此見也今究其實則牙木蘭乃我屬番曲先衛人為彼虜去為之用事今遣所遣使主僕六人耳偕来老弱男婦數千乃白爪沙屬番帖木哥之衆是皆邊官業已受之而奏聞朝廷初不之禁兵今被窮迫無歸而我邊撫處

已定近者回達入寇彼已斬首級來報矣更欲驅遣彼無所往勢將轉思爲譬事變可虞若或乘其饑疲遂加撲滅則又非聖明之仁也當此之時正當撫而有之以招彼携二而益我藩籬耳然臣等自來反復思慮惟欲固我邊疆保我中國耳至於興復哈密之事則臣等綿力菲才念初不及此也臣等又竊料土魯番聲勢其民皆安土飽食不願入寇其酋先倚二大將他只丁牙木蘭統兵於外而寫亦虎仙等爲間于我中國耳今他只丁已殺虎仙等已誅而牙木蘭又携二來歸其勢蓋亦漸弱故欲發兵五百近執牙木蘭等於瓜州尚遲擬不敢而致其來歸況今哈密以至嘉峪關一帶千五百餘里其他先有罕東赤斤等衛原我屬番被彼驅脅

供饋接應者今皆移徙中國彼来所經空地千里供饋無資蓋其入寇比前益難故今甘肅所憂不專在土魯番而南有亦不剌北有瓦剌皆北狄驍勁瓦剌又北土魯番籬我頗遠先時都御史許進之入哈密城陳几疇之退土魯番皆結彼為援今反被土魯番勾引来此寇而得慣則甚可憂也宜勅邊臣無以能招土魯番入貢為功而以諸達在近難禦為患故今當以通番納貢為權宜以足食固邊為久計至於牙木蘭悔罪歸正棄戎即華情亦可嘉伏乞聖恩量授一官特賜冠帶衣服一套其弟滿剌添卬兒與冠帶通事名色跟来三四人俱充勇士食粮使居甘州三二月以耀彼國人而招懷来者仍送来京居住以審彼國俗而料我邊事所益

多矣若欲安插延綏則彼地方艱窘而又逼鄰套虜事或非便必欲遠置隔絕則惟遼東稍宜均乞聖裁上詔于木蘭情僞難測不宜久留彼處地方著鎮巡官差的當人員并其家口押送湖廣鎮巡官處取便安插回奏于木乃涉湖廣江夏居鄂城廣買田地盛置宅業為東南一大賈胡迄今殷富云。

罕東

罕東有赤斤蒙古南肅州衛境之西南也古為氐州地本朝洪武二十五年涼國公藍玉討逋寇祁者孫追至罕東欲縱兵深入取其地將佐言此虜負固已久今猝然聞大軍深入必如鳥獸散去我兵雖衆無所施力莫若遣將招諭以馬來獻因而撫其部落全

師以還揚威示德在山舉矢玉不從遣都督宋晟等率兵至阿真川土酋哈答等擺先遁去三十年酋長鎖南吉剌思遣使來貢命置衛授指揮僉事永樂二年鎖南吉剌思同兄荅力龔酋伴奴奴等十六名貢馬又令答力龔為指揮使奴奴為指揮僉事各賜冠帶文幣褚襁自是每歲入貢不絕聽命惟謹成化九年土魯番攻奪哈密城印高陽伯李文等調罕東與赤斤兵數千往苦峪關喪師無功土魯番益肆弘治七年土魯番遣將牙木蘭復占哈密兵部尚書馬文升探知罕東有捷徑經可達哈密校計於都御史許進往襲牙木蘭調罕東兵繼之許進輕師至嘉峪關罕東兵不至牙木蘭亦先遁進兵失利而還自是土魯番入寇每假道脅責罕東

供應達賊復時侵掠漸至逃散嘉靖初協守甘州副總兵武振疏曰查得亦卜剌等貳種達賊自正德三四年間被小王子大勢趕殺前來甘肅地方西寧等處住牧已經十有三年其各賊首俱已戰沒今其存者乃其部下弟男子姪人等總其部落久住前地不敢復歸春夏則屯聚西海趁逐水草遇冬河凍則踏氷過河搶掠洮岷等衛附近番族其原來真正達子不過三二千人其餘俱係虜掠西寧凉莊迤南及屬番罕東安定曲先等衛男婦脅從跟同搶掠若兵粮俱足陝西甘肅鎮臣督同兵備參遊等官候明年黃河凍消達兵復回西海二三月間草木長茂馬匹瘦弱之時查照先年宣城伯衛穎巡撫吳琛大剿番賊方略調選主客官兵俱於甘

凉山永莊浪西寧等處攢槽餧養馬匹驃壯一面密訪罕東等衛各屬番内乖覺的當通事夷人結以恩信質其妻子與之誓約事成重加賞勞若透漏消息致誤事機定行重治量給銀布責令各取方便分投出境為我間諜遍將各衛各族屬番為亦卜剌等賊虜去者諭以爾我祖宗世守地方被他占了父母弟兄姐妹兒女他都是爾讐人今朝廷行文與鎮巡大臣多聚人馬要來殺他爾須乘機各討方便擒殺了他投降明日官軍到來你都是死你若肯依我殺了他投降他的家當頭畜都賞與爾如果約會回報相同更差各該撫夷都指揮等官分投前去罕東等衛見在各族夷人諭以乘機併力勦殺此賊有功就將所獲人畜給賞通約停當擬

定何日進兵土漢官兵四面畢力攻圍賊營命被虜番夷一舉内應如有屬夷投降預先選委指揮每枝官軍各一員量帶官兵於高阜去處竪立大白降旗紀名驗收仍嚴督旗牌官舍人等申明號令不許官番兵爭功搶殺違者大軍拏送鎮巡官重治如此得人布置决可成功縱不能擒剿盡絕必逃遯不服而屬番各族夷民可復故業邊患可息矣後土魯番屢掠罕東不能自存其頭目帖木哥土巴及都督日羔剌等奔肅州各處寄住後土魯番一面求貢一面同達子入寇肅州遊擊彭濬率罕東屬夷戰却之賊北去乃稱我每打聽進貢信息就尋帖木哥來王瓊疏請許土魯番入貢興復哈密尚書胡世寧疏曰臣等看得土魯番變詐多端求

寇無厭自來侵犯我邊惟見利則進知難則退朝廷御之亦推選將練兵廣屯積穀嚴夷夏之分以絕其內間公賞罰之施以勵其外攘遇彼來寇則殺去奔勿追間有窮迫而慕義來歸則撫而有之以為我藩籬納款而誠心來貢則禮而待之以施彼恩信雖自古帝王及我祖宗所以安中國而撫四夷者不過如此近該提督等官奏令通貢將原欲安置兩廣番使盡許放回今貢使未多入關而彼番又勾引瓦剌達子乘夜直抵肅州若非遊擊將軍彭濬兵備副使趙載謀勇相資素有備禦而臨時遇敵又或私創九疇之禍牿守通和之說遲疑不敢發兵出戰而又非得素撫屬番助斬賊首則肅州城池必為所破而甘州以西五百里地方必皆難

守矣此關閉通貢孰利孰害不待智者而知也乞勅王瓊務要為國忠謀遠慮力求興復哈密善後之策除前瓜沙属番帖木哥日羔刺土巳等原哈密遺民避禍來歸者不許逼回哈密驅置虎口撤我藩籬損我天子好生之德益彼夷虜入寇之黨外其餘凡有才力堪以服眾彼各夷願從立國者及近彼他方各種諸戎有能共滅土魯番者即許為忠順王聽主哈密悉從本官安處停當可信其永為不侵不叛之臣而後奏請欽斷給印封爵臣等不敢輕議亦不敢偏阻其餘願附久住哈密遺民哈刺灰畏兀兒及先今來臨瓜沙属番日羔刺等部下人眾每家賞布一疋頭目三人各段一疋諭以我天子恩德萬里差官來撫爾眾救爾生命其新附

願歸原土其不願不敢歸者組給牛犋種子聽其趂時耕牧為築城池堅固約以世為我臣不侵不叛虜來近邊則堅壁清野使彼野無所掠食無所資不能一朝居虜若寇我則爾出兵以牽其後虜若攻爾則我出兵以解其圍爾我相為犄角永保爾生彼必感悅而世為我藩衛虜寇益少而邊圍益固比之遠復哈密為力易而所得多矣帖木哥等哀乞口糧種子王瓊命撫夷官彭濬往審其部查得罕東二衛左衛都督二員一員知克掌印故其孫日羔剌正德六年襲祖職居肅州東南部下男婦五十三人一員怕泥未襲職并頭目賞卜束弘治十年因與頭目帖木哥土巴等讐殺投肅州南山黃草壩住牧離肅州城一百五十里怕泥部下男婦二百七十

人賞卜東部下男婦八百一十七人右衛都指揮二員一員總牙收有授職勅書未襲正德二年十因回賊搶殺肅州北虜地方離城一百五十里部下男婦九百三十六人後內移往南山黃草壩住牧頭目帖木哥土巴等原在沙州住牧今嘉靖七年二月因惧土魯番賊殺同回回頭目牙木蘭投肅州南白城山住牧離肅州城二百八十里部下男婦五千四百一十八人一員始祖綽爾加原住西海迤東住牧正德七年正月被亦卜剌等達賊將本衛都指揮板丹等部落賊殺其餘所管剌咂等放逐奔南山一帶擄去勅誥金牌銅印止有原授勅諭六道見存板丹孫却授爾加等僧俗二十人在於城東三十里羅家灣住牧七年彭濬及分巡西寧副使李淮共議得

帖木哥等原係我朝設立罕東左衛屬番為哈密羽翼甘肅藩籬續因哈密忠順王喪敗土魯番侵犯沙州各夷力不能支悉衆來投即其順而或逆之跡探其往而復來之心蓋思念我朝恩威乃其真誠屈於土魯番為所使者殆非得已況土魯番年例索其子女牛畜來寇就其芻粮馬匹需求擾害殆無寧歲先年投我來則給之粮賞安插去則給之銅鍋鏵牛種畏彼懷我斯亦至情日今土魯番求通議者謂可遣復歸本土但事尚未定若遽遣回恐土魯番又復驅彼恃以為援回番連合為患匪細據各夷之情則不肯回即今日之勢亦尚不宜遽遣肅州地方見有哈剌灰等數種各夷人衆地方窄狹住牧委亦不便其勢又不容於不另圖安插矣

罕東各夷告欲分一半留城住牧一半仍照原擬威虜住牧議者謂白城山附過甘州恐有偷竊擾害方來雖未可保然鼠竊狗偷之害比之連合內侵之害大小懸絕況白城山係各夷舊曾住牧之地准令一半去住分散其黨既無衆聚之勢又遂孳牧之願一時權宜情勢俱似少便然既得其衆宜用其力若盡數留住彼妨生理我費粮糗宜於各夷內挑選精壯有馬四百名者俾其子弟統率分為隊伍聽調殺賊分為四班每班百名一季一換上班之日每名量給口粮四斗五升安住城北空堡令都督日羔剌統領撫夷官管束隨我軍操練不惟足以羈縻夷衆亦且足以和輯夷心及照日羔剌係都督見掌印信先因襲職回還一向肅州寄住

為人淳實頗知法度但前項夷衆十餘年來俱屬帖木哥土巴等分管又係日羔剌尊輩衆心不復知有都督宜先申明名分設立條約出給鈔出給鈔帖曉諭夷衆使之統領帖木哥等仍聽節制庶統紀有歸易於控制俟後土魯番效順果堅哈密衛可興復然後遣歸本土則各夷思我安插遠害之恩益堅敬順向化之誠矣古之人欲圖功必審其勢欲得衆必順其情今日之事察番夷之情審輕重之勢酌事變之宜不得不暫為安插之議也於是王瓊為之調請於朝下兵部議尚書胡世寧議得所奏區處停當相應依擬但帖木哥等各夷既無生理衆難存活若無城衛虜來勢難堅守不無又為彼掠以為寇助合無仍咨各官查照原勅事理於彼

各夷新分地土牛具種子量為措給城堡溝池量為修築以安彼
生命以便彼防守虜來堅壁絕彼粮援為我犄角不為無益待彼
哈密委果興復成立國勢能界限回達交侵足為瓜沙等處捍蔽
另行審情度勢議奏遣歸本土各官奏内又稱要令帖木哥土巴
等俱聽都督日羔剌節制俾相當察彼夷情相願方可如此仍束若
彼情勢難合亦聽徙宜另處上諭帖木哥土巴等部落准令安插
白城山威虜兩處分散居住并挑選精壯夷人分班更換令都督
日羔剌等管束隨軍操練自後其族漸盛朝貢不絕至今

火州

火州本漢時車師前後王地唐置交河蒲類二縣去長安戕九千

里漢元帝時置戊巳校尉屯田于前王庭以其地執高敞遂名高
昌壘有八城其後闞伯周麴嘉稱王於此自後魏至隨皆來貢獻
唐貞觀中平高昌以其地置西州又置都府初西突厥據車師後
王地與高昌相影響及高昌平懼而來降以其地置庭州領金滿
蒲類輪臺三縣長安初置安西北庭都護府天寶初改西州爲交
河郡領交河柳中蒲昌高昌五縣後沒於吐番其地有回鶻雜處
故亦稱回鶻宋建隆間西州回鶻遣使來貢太平興國中命王延
德等使高昌至雍熙初還景德初又遣使來貢元時號畏吾兒部
本朝名其地曰火州永樂七年酋長遣使朝貢上遣行人陳誠與
戶部主事李暹招撫西域諸夷亦至其地宣德五年酋長哈散及

柳陳城在州東七十里即唐柳中縣萬戶尾赤剌等俱遣使貢馬玉璞等物成化中土魯番作亂驅掠其族自後屢被番兵部落散亡嘉靖三年土魯番復擄之犯邊迄無寧歲至嘉靖七年兵部尚書王瓊撫處土魯番許其通貢西鄙諸夷乃得畜牧火州族亦克保聚至今修貢不絕其俗因唐時入職方宋時尚傳頗類華夏有城郭田畜房屋覆以白堊地產五穀推無喬麥稅則計田輸銀或布有毛詩論語孝經歷代子史集婚姻喪葬皆大同於華事天神信佛法貴人食馬餘食羊及鳧鴈樂多琵琶箜篌好騎射居民春月遊者馬上持弓矢射諸物謂之禳災用唐開元七年曆以三月九日為寒食冬至貳社亦然以銀或鍮石為筒貯水激以相射或以水交潑為

戲謂之壓陽氣去病其人面貌類高麗有裙襟頭髻或辮髮垂之於背婦人亦然出戴油帽謂之蘇暮遮兵器有弓箭刀楯甲稍其山川曰火焰（常有烟氣久則光照禽鼠）曰天山（一名連祁）曰蒲類海（漢張騫度玉門至此）曰澣海（地背砂磧大風則行者人馬相失）曰交河其産馬橐駝胡桃蒲萄蠶沙鼠（大如兔鷙禽捕食之）碙碙沙胡桐律刺蜜（羊刺草上生蜜味甚佳）鹽（白者如玉赤者如朱）鹽有五色

按郭璞鹽賦曰爛然若霞紅鹽也非赤如珠者乎蔡邕又曰江南有縢雪白鹽今德中白鹽也非白如玉者乎李白東坡之詩稱水晶鹽今環慶之墟鹽池所産如骰子塊瑩然明徹如水晶者亦白鹽也藥中取用有青鹽續漢書云天竺國産黑鹽黄鹽道書又有紫鹽謂請我鹽也今甘肅寧夏有青黄紅三種生池中

12

可見書不誣也

白氎布野蠶結繭苦參上絲如細纑取織為布用以市易鑌鐵陰牙角速霍兩角阿魏有草根株獨立枝葉如蓋臭氣逼人生取其汁熬膏名阿魏其域東距哈密西連亦力把力南接于闐北抵瓦剌東南至肅州一月程中國往者先至陽關後至玉門關漢唐舊跡也